财务管理与会计工作实践

周　超　吴亚红　刘晓英◎著

中国出版集团　现代出版社

图书在版编目（CIP）数据

财务管理与会计工作实践 / 周超，吴亚红，刘晓英著. -- 北京 : 现代出版社，2023.7
ISBN 978-7-5231-0390-6

Ⅰ. ①财… Ⅱ. ①周… ②吴… ③刘… Ⅲ. ①财务管理—研究②财务会计—研究 Ⅳ. ①F275②F234.4

中国国家版本馆CIP数据核字(2023)第129595号

财务管理与会计工作实践

作　　者　周　超　吴亚红　刘晓英
责任编辑　张红红
出版发行　现代出版社
地　　址　北京市朝阳区安外安华里504号
邮　　编　100011
电　　话　010-64267325　64245264(传真)
网　　址　www.1980xd.com
电子邮箱　xiandai@ cnpitc.com.cn
印　　刷　北京四海锦诚印刷技术有限公司
版　　次　2023年7月第1版　2023年7月第1次印刷
开　　本　185 mm×260 mm　1/16
印　　张　10.75
字　　数　250千字
书　　号　ISBN 978-7-5231-0390-6
定　　价　58.00元

前　言

财务管理是企业管理的一个组成部分，它是根据财经法规制度，按照财务管理的原则，组织企业财务活动，处理财务关系的一项经济管理工作。在现代企业管理当中，财务管理是一项涉及面广、综合性和制约性都很强的系统工程。它是通过价值形态对企业资金流动进行计划、决策和控制的综合性管理，是企业管理的核心内容。会计既是一门学问，又是一门艺术。由于会计能广泛地用来描述各种商业活动与经济行为，因此它也称为一种国际通用的“商业语言”。现阶段，有关中国特色的财务会计理论与应用的研究方兴未艾，如何构建我国的财务管理与会计实践体系还有待讨论。其关键在于有关人员对构建财务会计理论与应用体系逻辑起点的问题是否达成共识。财务管理的内容随着时代的发展不断丰富，过去的部分管理模式与体制亟待更新，信息时代下的财务管理必将迎来大的变革。财务会计也从传统的手工工作方式向电算化方向转变，这种转变是时代发展的必然趋势。会计电算化会引起会计理论和会计方法上的变化，但这种变化是渐进性的，而不是突变性的，会计电算化必须遵循基本的会计理论和会计方法。只有跟得上时代发展的步伐，财务会计才会在新的时代有更多的作为。

本书是关于财务管理和会计工作方面研究的著作，首先探讨了财务管理的概念、目标等基础理论，并在现代财务管理程序构成的基础上，系统地分析了现代财务管理的智能化应用；其次基于此对信息化背景下的财务会计工作进行了探讨，并对多元视域下现代财务会计工作的创新发展进行了探讨。本书以现代财务管理作为主要内容，侧重于财务管理会计工作的实践，深入浅出，以加强读者对内容的理解。本书可作为财务管理与财务会计及其相关专业的参考用书，也可作为企业财务管理人员的学习资料。

本书在撰写时，由于时间较紧，水平有限，在形式上略显粗糙，内容上也难免有差错，敬请读者批评指正！

前言

目　录

第一章　财务管理基础认知

第一节　财务管理的内涵与目标

一、财务管理的内涵

“财务”一词的英文为“finance”，是指政府、企业和个人对货币这一资源的获取和管理。国家财政、企业财务和个人理财均属finance的范畴。本书讲述的财务管理是研究企业货币资源的获得和管理，具体地说就是研究企业对资金的筹集、计划、使用和分配，以及与以上财务活动有关的企业财务关系。

第一，企业的经营活动脱离不了资产，如非流动资产（建筑物、设备和各种设施）、流动资产（存货、现金和应收账款），而购置这些资产需要资金。企业既可从自身经营所得中提取资金用于再投资，也可以在金融市场上以一定的价格发行股票、债券或向金融机构借贷获取资金。企业的财务管理人员在筹集资金的过程中要研究和设计最优的筹资方案，使企业筹资的成本最小，所筹集的资本能发挥最大的效益，从而使企业的价值达到最大。

第二，企业资本和资产的有效运用与所投资的项目，包括实物资产、技术和人力资源的投入和产出是否经济、合理，投资收益是否高于成本，风险如何补偿等问题有关。企业的投资决策正确与否，直接影响其未来的净现金流量，亦即影响其资产的增值。投资决策也是财务管理中研究的重要问题。

第三，企业的一切财务活动与其外部环境息息相关。国家的经济发展周期、政府财政政策的宽松和紧缩对企业的财务管理策略有很大的影响。与企业筹资直接有关的金融市场及利率是企业财务人员必须熟悉和重点研究的领域。财务管理在企业和资本市场之间、企业和国家宏观财税政策之间的桥梁和资金转换的作用是显而易见的。

财务管理就是寻求在一定的外部环境下，使企业资金运用尽可能有效的方法，这就需要在企业的需求与收益、成本及风险之间做衡量，做出最终能使股东财富达到最大化的决策。

总之，企业财务是指企业在生产经营过程中客观存在的资金运动及其所体现的经济利益关系。前者称为“财务活动”，后者称为“财务关系”。财务管理是企业组织财务活动、处理财务关系的两项综合性的管理工作。

二、财务管理的外延

随着经济的发展，企业财务活动的范围和类型不断扩大，企业财务管理的内容也随之不断丰富和延伸。例如创业的价值评估，频繁发生的并购、重组、破产事件，公司治理以及高管行为对公司财务的影响等问题，迫切需要财务管理人员开阔视野、创新方法，完善和扩充现有的财务管理理论体系。

（一）企业价值评估

企业价值评估是将一个企业作为一个有机整体，依据其拥有或占有的全部资产状况和整体获利能力，充分考虑影响企业获利能力的各种因素，结合企业所处的宏观经济环境及行业背景，对企业整体公允市场价值进行的综合性评估。价值评估可以用于帮助投资者进行投资分析，帮助企业管理者进行财务决策、战略分析等。

（二）企业并购

企业并购包括兼并和收购两层含义、两种方式。国际上习惯将兼并和收购合在一起使用，统称为“企业并购”，在我国称作“并购”，即企业之间的兼并与收购行为，是企业法人在平等自愿、等价有偿的基础上，以一定的经济方式取得其他法人产权的行为，是企业进行资本运作和经营的一种主要形式。企业并购主要包括公司合并、资产收购、股权收购三种形式。

企业作为一个资本组织，必然谋求资本的最大增值。企业并购作为一种重要的投资活动，产生的动力主要来源于追求资本最大增值的动机，以及源于竞争压力等因素，但是就单个企业的并购行为而言，又会有不同的动机和在现实生活中不同的具体表现形式。不同的企业根据自己的发展战略确定并购的动因。

（三）企业破产

企业破产是指企业在生产经营中由于经营管理不善，其负债达到或超过所占有的全部资产，不能清偿到期债务，资不抵债的企业行为。破产案件是指通过司法程序处理的无力偿债事件。这里所说的司法程序包括三种：和解、重整和破产清算。不能把破产案件简单地归结为清算倒闭事件。破产清算是公平清理债务的一种方法，但不是唯一方法。《中华人民共和国企业破产法》（以下简称《破产法》）鼓励当事人积极寻求以避免企业倒闭清算的方式来公平清理债务。

（四）行为财务

行为财务的核心是财务主体的价值观念，这必然对财务信息的处理流程管理产生影响，包括对人们的动机形成、生产水平、决策行为、利益分配的影响。需要指出的是，行为财务不同于财务行为。财务行为是指财务主体在其内部动因驱动和外在环境刺激下，按照财务目标的要求，遵循一定的行为规则，利用特有的理论和方法，对经济活动中的经济信息进行生产、加工并适时传递的一种实践活动。行为财务涉及的范围比财务行为更为宽广，行为财务还要说明通过何种途径使得财务行为或经济信息对客体产生的种种影响。在行为科学的影响下，行为财务不仅要对过去的财务行为进行适时控制，还要对未来的财务行为进行预测和决策，从而实现全过程控制。

三、财务管理的目标

（一）财务管理目标的概念

企业财务管理目标（又称“企业理财目标”），是财务管理的一个基本理论问题，也是评价企业理财活动是否合理有效的标准。目前，我国企业理财的目标有多种，其中以产值最大化、利润最大化、股东财富最大化或企业价值最大化等目标最具有影响力和代表性。

企业财务管理目标是企业经营目标在财务上的集中和概括，是企业一切财务活动的出发点和归宿。制定财务管理目标是现代企业财务管理成功的前提，只有明确了合理的财务管理目标，财务管理工作才有明确的方向。企业应根据自身的实际情况和市场经济体制对企业财务管理的要求，科学、合理地选择和确定财务管理目标。

财务管理是企业管理的一部分，是有关资金的获得和有效使用的管理工作。财务管理的目标取决于企业的总体目标。

（二）财务管理目标的作用

1.激励作用

目标是激励企业全体成员的力量源泉，每位职工只有明确了企业的目标才能调动起工作的积极性，发挥自身的潜在能力，全力以赴，为企业创造最大的财富。

2.导向作用

财务管理是一项组织企业财务活动、协调企业同各方面财务关系的管理活动。财务管理目标的作用首先就在于为各种管理者指明方向。

3.考核作用

目标是企业绩效和各级部门工作业绩的考核标准。企业的目标明确了，各级领导干部才能按照职工的实际贡献大小如实地对其绩效进行评价。

4.凝聚作用

企业是一个组织、一个协作系统，只有增强全体成员的凝聚力，企业才能发挥作用。企业只有目标明确，才能充分体现全体职工的共同利益，极大地激发企业职工的工作热情、献身精神和创造能力，形成强大的凝聚力。

（三）财务管理目标应具备的基本特征

企业财务管理的目标取决于企业生存和发展的目标，两者必须是一致的。企业财务管理目标应具备以下四个特征。

1.财务管理目标具有多元性

多元性是指财务管理目标不是单一的，而是适应多因素变化的综合目标群。现代财务管理是一个系统，其目标也是一个多元的有机构成体系。在这些多元目标中，有一个处于支配地位、起主导作用的目标，称为“主导目标”，其他一些处于被支配地位、对主导目标的实现起配合作用的目标，称为“辅助目标”。例如企业在努力实现“企业价值最大化”这一主导目标的同时，还必须努力实现履行社会责任、加速企业成长、提高企业偿债能力等一系列辅助目标。

2.财务管理目标具有可操作性

财务管理目标是实行财务目标管理的前提，它要能够起到组织动员的作用，要能够根据已制定的经济指标进行分解，实现职工的自我控制，进行科学的绩效考评，这样财务管理目标就必须具有可操作性。具体来说，包括可以计量、可以追溯、可以控制。

3.财务管理目标具有层次性

财务管理目标是企业财务管理这个系统顺利运行的前提条件，同时它本身也是一个系统。各种各样的理财目标构成了一个网络，这个网络反映着各个目标之间的内在联系。

财务管理目标之所以有层次性，是由企业财务管理内容和方法的多样性以及它们相互关系上的层次性决定的。比如企业财务管理的内容可以划分为筹资管理、投资管理、营运资金管理、利润分配管理等几个方面，而每个方面又可以再进行细分。

4.财务管理目标具有相对稳定性

随着宏观经济体制和企业经营方式的变化，随着人们认识的发展和深化，财务管理目标也可能发生变化。但是，宏观经济体制和企业经营方式的变化是渐进的，只有发展到一定阶段后才会产生质变，人们的认识在达到一个新的高度后，也需要有一个达成共识、为人们所普遍接受的过程。财务管理目标作为人们对客观规律性的一种概括，总的来说是相对稳定的。

（四）企业财务管理目标的类型

1. 企业利润最大化

企业利润最大化就是企业财务管理以实现利润最大化为目标。该观点源于亚当·斯密（Adam Smith）的“经济人”假说，在20世纪50年代以前的西方经济学界较为流行，属于传统观点，在今天的理论界和实务界仍有一定的影响。该观点认为，利润是衡量企业经营和财务管理水平的标志，利润越大越能满足投资人对投资回报的要求。

利润最大化就是财务管理的目标，这有合理的一面，以往西方微观经济学历来将利润最大化作为其理论基础。其合理性体现在以下四方面。

第一，利润是企业的新创价值，而且是已经实现销售并被社会承认的价值。

第二，利润是企业最综合的财务指标，能说明企业的整体经营和财务管理水平的高低。

第三，真实的利润是社会财富的积累。

第四，利润概念是一个最容易被社会各界广泛接受的财务概念。

显然，以利润最大化作为财务管理的目标，有其科学的一面。然而，用利润最大化作为企业的财务管理目标，也有其内在不可克服的缺点。

第一，没有考虑企业利润实现的时间因素，即没有运用资金时间价值这一重要的财务概念。

第二，没有充分考虑利润实现的风险因素，不切实际地盲目追求利润最大化，往往会使企业承受很大的风险。

第三，利润作为一个绝对数指标，不能反映企业一定时期的投资收益率水平，因而无法表现资本的投入与产出的关系，更不便在不同企业之间进行财务状况比较（为了克服这一观点的片面性，财务管理学界提出了“每股盈余最大化”的观点）。

第四，没有考虑企业一定时期的现金流量状况，因为利润大并不意味着企业的现金状况好。

第五，追求利润最大化会造成企业经营者和财务决策者的短视行为，只顾实现当前的或局部的利润最大化，不顾企业长远和整体的发展，甚至伤害了企业长久发展的财务实力。

可见，将利润最大化作为企业财务管理目标具有一定的片面性，是对财务管理的一种初步认识，而且这种表述所存在的缺陷是无法克服的。现代财务管理研究认为，利润最大化不能作为企业财务管理目标的最优选择。

2.股东财富最大化

股东财富最大化是企业财务管理以股东财富最大化为目标。股东财富最大化是指通过财务上的合理经营，为股东带来最多的财富。在股份制经济条件下，股东财富由其所拥有的股票数量和股票市场价格两方面决定，在股票数量一定的前提下，当股票价格最高时，股东财富也达到最大。股东财富最大化，又演变为股票价格最大化。

以股东财富最大化作为财务管理目标，是近年来较为流行的一种观点。该观点与利润最大化目标相比有其积极的方面：第一，股东财富最大化目标科学地考虑了风险因素，因为风险的高低会对股票价格产生重要影响；第二，股东财富最大化在一定程度上能够克服企业在追求利润上的短期行为，因为不仅目前的利润会影响股票价格，预期未来的利润对企业股票价格也会产生重要影响；第三，股东财富最大化目标比较容易量化，便于考核和奖惩。但应该看到，股东财富最大化也存在一些缺点：第一，它只适用于上市公司，对非上市公司则很难适用；第二，它只强调股东的利益，而对企业其他关系人的利益重视不够，因此可能导致所有者与其他经济利益主体之间的矛盾和冲突；第三，股票价格受多种因素影响，并非都是企业所能控制的，把不可控因素引入理财目标是不合理的。

3.企业价值最大化

企业价值最大化是企业财务管理以企业价值最大为目标，它要求企业通过采用最优的财务政策，充分考虑资金的时间价值和风险与报酬的关系，在保证企业长期稳定发展的基础上使企业总价值达到最大。

企业价值是指其能在市场实现的价值，即公司资产未来预期现金流的现值，而并非企业的账面价值总额。因为企业资产的账面价值与企业实际市场价值是不一致的。经营良好的企业，它的市场价值必然会高于其账面价值，相反，一个经营失败甚至严重亏损的企业，它的市场价值必然会大大低于其账面价值。企业所有的经营成败与财务状况，都会综合地表现在企业的市场价值上，市场会对企业有一个最终的评价。

从财务理论上看，价值应该是实现现金流入的现值总额。对于一般企业来讲，企业价值的确认，必须通过企业转让、变卖或正确的资产评估才能完成。但对于股份制企业来讲，特别是上市公司，从长久来看，企业股票的市场价格越大，说明这个企业的价值越大。股票的价格是真正的市场价值，是投资人对企业的评价，企业内部各种经营和财务状况的变化因素和未来发展前景，都会在企业的股票价格上得以表现。

广义地讲，股东就是企业的投资人，追求股东财富最大化，与追求企业价值最大化和追求股票价格最高是一致的。企业价值最大化观点具有股东财富最大化观点的所有优点。目前，越来越多的专家学者认为，企业价值最大化观点优于股东财富最大化观点，主要表现在：第一，企业价值最大化目标可以使得财务管理目标与财务管理主体相一致，即两者都是站在企业整体角度看问题；第二，充分考虑各种利益关系。以企业价值最大化作为财务管理的目标，不但是财务理论研究的必然结论，也是企业内外部对企业经营和财务状况做出客观评价的必然选择，这是因为企业价值既是一个最抽象的概念，又是一个能用于企业最终评价的最实际可行的概念。

用企业价值作为财务管理的目标也存在一些不足，主要有：第一，概念比较抽象，不易被外行人士所接受，也不像利润和每股盈余指标那样，在企业日常会计核算中经常被揭示，因此运用一些基本的财务指标作为辅助是必要的；第二，对于上市公司来讲，股票价格是企业价值的直接表现，但股票价格会受到特定经济环境等多种市场因素的综合影响，所以在某一时点上，股价可能并不真正反映这个企业的价值，股票价格是企业价值的外在表现，那是从较长一段时期来讲的；第三，对于上市公司来讲，公司股票的上市比例及企业间相互参股、控股和间接持股等情况的存在，也会影响股票价格，因为法人股东对股票市场的变动并不敏感，以控股为目的的股东似乎并不在意股价的变化；第四，对于非上市公司来讲，企业价值不能作为财务管理目标。

4.相关者利益最大化

相关者利益最大化是企业价值最大化的进一步发展，它要求企业经营中应充分考虑股东及其他利益相关者的利益，通过合作共赢促使企业实现相关者利益最大化。

企业在从事各种资金收支活动中，不可避免地会与不同的利益主体发生联系，从而形成企业的财务关系。财务关系是企业在财务管理活动中产生的与各相关利益集团间的利益关系。其可概括为七个方面，即企业与出资者之间的财务关系，企业与债权人之间的财务关系，企业与债务人之间的财务关系，企业与被投资者之间的财务关系，企业与内部各单位、各部门之间的财务关系，企业与职工之间的财务关系，企业与税务机关之间的财务关系。其中，最重要的是企业与出资者之间的财务关系和企业与债权人之间的财务关系。企业只有善于协调各种关系，与社会各个方面和谐相处、共同努力，才能合作共赢，实现企业相关者利益最大化。

5.社会价值最大化

由于企业的主体是多元的，因而涉及社会方方面面的利益关系。为此，企业目标的实现，不能仅仅从企业本身来考察，还必须从企业所从属的更大社会系统来进行规范。企业要在激烈的竞争环境中生存，必须与其周围的环境取得和谐，这包括与政府的关系、与员工的关系以及与社区的关系等。企业必须承担一定的社会责任，包括解决社会就业、讲求诚信、保护消费者的利益、支持公益事业、保护环境和搞好社区建设等。社会价值最大化就是要求企业在追求企业价值最大化的同时，实现预期利益相关者的协调发展，形成企业的社会责任和经济效益间的良性循环。

社会价值最大化是现代企业追求的基本目标，这一目标兼容了时间性、风险性和可持续发展等重要因素，体现了经济效益和社会效益的高度统一。

（五）影响企业财务管理目标的因素

企业目标的确定为财务管理目标的确定奠定了基础。然而，企业作为“契约之结”是契约各方重复博弈的结果，它必须体现契约各方的利益，其中任何一方利益遭到损害，都可能导致企业解散。在确定企业财务目标前必须考虑与企业相关的利益关系人。

系统结构性原则认为，结构是物质系统各种要素内在的联系与组织方式，也就是说，结构是系统各元素的相互作用中比较稳定的方式、顺序和强弱。系统的环境依存原则认为，系统存在于一定的环境之中，系统和环境要保持物质、能量和信息的交换才能保持自己的生命。影响企业财务管理目标的利益相关者主要有三个。

1.企业所有者（包括政府）

所有者对企业财务管理目标的影响主要是通过股东大会和董事会来进行的。从理论上讲，企业重大的财务决策必须经过股东大会或董事会的表决。企业经理、财务经理的任免也由董事会决定，目的是增强企业的生存能力，保护所有者自身的权益。此外，政府作为行政机构，因其提供的公共服务是以税收的形式强行参与企业的利润分配。企业要吸引更多的投资者，就必须取得较好的经济效益。

2.企业的债权人

债权人把资金借给企业以后，一般会采取必要的监督措施，以保证按时收回本金和利息。债权人必然要求企业按借款合同规定的用途或更有效、合法的用途使用资金，并要求企业保持良好的偿债能力。

3.企业职工

企业职工包括一般的员工和企业管理人员，他们为企业提供智力和体力方面的劳动，必然要求取得合理的报酬。职工是企业财富的直接创造者，他们有权分享企业的收益，以恢复体力和脑力，从而为企业创造更多的财富。可见，职工的利益与企业的利益紧密相连。在确立企业财务管理目标时，必须考虑职工的利益，而在社会主义国家，职工利益更应优先考虑。此外，影响企业财务管理目标的因素还有其他利益相关者，如企业的供应单位、消费者等。

（六）我国企业财务管理目标的选择

我国企业财务管理目标的选择有以下几个要求。

首先，财务管理目标应着眼于企业的总目标。企业以营利为目的，这是企业的重要本质属性。也就是说，企业的生产经营应以提高经济效益、确保资金的保值增值、避免在激烈的市场竞争中被淘汰为总目标。

其次，财务管理目标应协调各契约关系主体的利益。现代企业是多边契约关系的总和。股东作为所有者在企业中承担着最大的权利、义务、风险和报酬，地位当然也最高，但是债权人、职工、客户、供应商和政府也为企业承担了相当的风险。在确定企业财务管理目标时，不能忽视这些相关利益群体的利益，应协调好各契约关系主体的利益。

最后，财务管理目标应充分考虑企业的社会责任。企业对社会责任的履行状况，直接或间接地影响企业的生存与发展，企业在理财活动中必须为此做出经常性的努力。

企业是市场的主体，自然也是财务管理的主体，财务管理目标应成为财务管理主体的行动目标。我国企业财务管理目标的现实选择应是股东主导下的利益相关者财富最大化。它的内涵是处于均衡状态的出资者权益与其他利益相关者权益的共同发展，从而达到企业或企业财务管理在经济目标和社会目标上保持平衡。这是企业财务管理目标的理性选择，也是适应我国国情的财务管理目标。这样的定位既充分体现了所有者的权益，又有利于保障债权人、经营者和职工等的利益。

企业所有者投入企业的资本是长期的、不能随意抽走的，所有者履行的义务最多，承担的风险最大，理应享有最多的权利和报酬。实现所有者权益价值最大化，可以充分保障所有者的权益，是对所有者权利与义务对等的一种认同。企业经营者的利益与所有者权益是息息相关的，经营者若想得到丰厚的报酬和长期的聘用，就必须致力于实现所有者权益价值最大化，以博得企业所有者的信任与支持。

企业职工的利益同样与所有者权益关联着，如果企业经营不善，所有者权益价值最大化就无法实现，职工的收入福利就会受到影响。如果所有者权益价值实现最大化，必然会使职工的收入福利首先得到改善。

从产权理论分析股东主导下的利益相关者财富最大化目标。企业权益资本是所有者的长期投资，短期的、暂时的权益资本增值最大化并不是所有者期望的。实现所有者权益价值的最大化，要求权益资本增值长期最大化，需要考虑未来不同时间取得的等额投资收益因时间先后而导致的不同现值，体现预期投资的时间价值，并在考虑资金时间价值的基础上，注重企业长远利益的增加。实现所有者权益价值最大化，不仅要考虑眼前的获利能力，更要着眼于未来潜在的获利能力；既要规避风险，又要获取收益，实现风险与收益的均衡，从而取得竞争优势，满足企业不断生存发展的需要。

企业财务管理目标的必然选择是股东主导下的利益相关者财富最大化。这个目标的关键还在于股东与其他利益相关者权益均衡点的度量。从以上的逻辑分析可以看出，出资者对其权益的让渡是以其总体效用的增加为目的的，如果分权导致了其总体效用下降，出资者必然会采取策略应对，直至关闭企业，使所有利益相关者的权益都受损。因而，股东与其他利益相关者的权益均衡点由股东的边际效用决定，其边际效用为正值，呈下降趋势，并以零为极限。这也从侧面说明了企业财务管理目标的选择，应是股东主导下的利益相关者权益最大化。

这一财务管理目标更符合我国社会主义初级阶段的国情。在我国，虽然多种经济成分并存，但国有经济仍占主要地位。在国有经济中，企业的行为主要受国家利益与企业社会责任的双重制约，利益相关者财富最大化符合国家利益的要求。另外，现代企业制度在我国有着独特、复杂的发展历程，我国企业更应注重职工的利益和权利，强调社会财富的积累，强调各方利益，从而实现经济实力的不断增强。

（七）影响财务管理目标实现的因素

1.管理决策因素

（1）投资项目

投资项目是决定企业报酬率和风险的首要因素。任何项目都有风险，区别只在于风险的大小。而企业实施科学周密的投资计划将会大大减少项目的风险。多年来，不少企业陷入困境，甚至破产倒闭，大都是由于投资失误所致。结合企业实际，建立充分的可行性论证和严格的投资决策审批制度是十分必要的。

（2）投资报酬率

企业的盈利总额并不能反映股东财富，在风险相同的前提下，股东财富的大小要看投资报酬率。企业为达到经济增长的目的，在面临众多投资机会时，往往通过资本预算来做出长期投资决策。为提高投资报酬率，企业往往采用净现值法、现值指数法、内含报酬率法等方法来进行投资项目评价，提高财务管理决策的质量，实现企业财务管理目标。

（3）资本结构

资本结构是所有者权益和负债的比例关系，如果资本结构不当，会严重影响企业的效益，增加企业的风险，甚至导致企业破产。为使企业价值最大化，企业通常采用每股收益无差别点，同时充分考虑未来增长率、商业风险等其他各种因素，来确定其最佳的资本结构，实现企业财务管理的目标。

（4）风险

任何决策都是面向未来的，都会有或多或少的风险。企业在做决策时，需要在报酬和风险之间做出权衡，研究风险，并设法控制风险。风险报酬率取决于投资者对风险的偏好，通常企业可采用多元投资和多元筹资等方法来控制风险和分散风险，以求最大限度地扩大企业价值。

（5）股利政策

股利政策是指公司的盈余中多少作为股利发给股东，多少保留下来以备再投资之用，以便使未来的盈余源泉得以维持。股利政策将影响企业的融资计划和资本预算，企业应该根据其实际情况，选择实施剩余股利、低正常股利加额外股利等股利政策，实现财务管理的目标。

2.外部环境因素

企业外部环境是企业财务决策难以改变的外部约束条件，对企业财务管理目标的实现将产生极大的影响。企业要更多地适应这些外部环境的要求和变化。

第二节 财务管理的内容

一、筹资管理

（一）筹资管理的内涵

1.筹资管理的定义

筹资管理就是根据企业自身经营的特点以及实际的资金需求，通过分析筹资的渠道、成本、风险等方面的内容，为企业筹到成本最低、速度最快、效率最高的资金的手段。筹资手段最主要的就是通过股权和债券进行资金的筹措。

根据筹资管理的定义，其主要目的就是满足企业日常经营对于资金的需求，有效地降低资金的使用成本，加强风险控制。筹资管理的动机有以下几种。

（1）建设性筹资动机

它主要是企业在开设初期，为了满足建设期日常经营对于资金需求而形成的筹资需求。

（2）买卖性筹资动机

它主要包括企业在开展日常的生产和销售过程中形成的买卖筹资需求。

（3）成长性筹资动机

它主要包括企业在成长期所需要增加的固定资产方面的投入产生的筹资需求。

（4）过渡性筹资动机

它主要包括企业在经营过程中，可能对业务进行调整而形成的过渡性筹资需求。

筹资的方式主要有筹措股权资金和筹措债务资金。筹资管理最主要的任务就是解决企业日常经营对于资金的需求，并且通过有效的手段降低成本、增加效率、保障利益。

2.筹资管理的基本要求

企业筹资管理的基本要求，是在严格遵守国家法律、法规的基础上，分析影响筹资的各种因素，权衡资金的性质、数量、成本和风险，合理选择筹资方式，提高筹集效果。

（1）遵循国家法律、法规，合法筹措资金

不论是直接筹资还是间接筹资，企业最终都通过筹资行为向社会获取资金。企业的筹资活动不仅为自身的生产经营提供资金来源，也会影响投资者的经济利益，影响社会经济秩序。企业的筹资行为和筹资活动必须遵循国家的相关法律、法规，依法履行法律、法规和投资合同约定的责任，合法合规筹资，依法披露信息，维护各方的合法权益。

（2）分析生产经营情况，正确预测资金需求量

企业筹集资金，首先要合理预测资金的需求量。筹资规模与资金需要量应当匹配一致，既避免因筹资不足影响生产经营活动的正常进行，又要防止因筹资过多造成资金闲置。

（3）合理安排筹资时间，适时取得资金

企业筹集资金，还需要合理预测并确定资金需要的时间。要根据资金需求的具体情况，合理安排资金的筹集时间，适时获取所需资金，使筹资与用资在时间上相衔接，既要避免过早筹集资金形成的资金投放前闲置，又要防止取得资金的时间滞后，错过资金投放的最佳时间。

（4）了解各种筹资渠道，选择资金来源

企业所筹集的资金都要付出资金成本的代价，不同的筹资渠道和筹资方式所取得的资金，其资金成本各有差异。企业应当在考虑筹资难易程度的基础上，针对不同来源资金的成本进行分析，尽可能选择经济、可行的筹资渠道与方式，力求降低筹资金成本。

（5）研究各种筹资方式，优化资本结构

企业筹资要综合考虑股权资金与债务资金的关系、长期资金与短期资金的关系、内部筹资与外部筹资的关系，合理安排资本结构，保持适当偿债能力，防范企业财务危机，提高筹资效益。

（二）筹资管理的作用

企业资金注入的流程从筹资开始。筹资管理最重要的作用就是为企业解决资金方面的需求，并通过有效的手段，实现筹资成本最低、筹资渠道确定、筹资规模预测、筹资风险管控等各方面对筹措资金进行的全生命周期的管控。

1.对资金需求量进行有效预测

资金是保障企业日常经营的核心资源，对于资产的投入、购买原材料和服务、销售产品等各个环节都起到了至关重要的作用。不管什么类型的企业，为了形成生产能力、销售能力、售后服务能力等，都必须有资金的保障。但是有效的预测对于筹资更为重要，筹资往往需要一定的时间和合理的规模区间，企业只有科学地预测所需要资金的数量，才能保障资金的及时供给。大多数情况下，企业主要通过资金满足两方面的需求，一方面是满足日常经营的需要，另一方面是满足未来发展的需要。企业所处的生命周期不同，对于资金的需求也不同，需要筹资的规模也不同。在企业初创和成长期，对于资金的需求最多，一方面需要满足技术的投入和市场的开发，另一方面还要为未来的发展

存续一些资金；在企业平稳发展时期，对于资金的需求有所下降，只要满足日常经营和维持市场地位已足够。

2.合理安排筹资渠道、选择筹资方式

通常情况下，企业通过直接或间接两种不同的方式进行资金的筹措。直接筹资，是企业直接从外部的金融机构或是其他组织筹集资金；间接筹资，是企业通过相关金融机构，与间接的机构进行对接筹集资金，满足资金需求。内部筹资主要依靠企业的利润留存积累。外部筹资主要有两种方式：股权筹资和债权筹资。

3.有效地选择筹资方式，规避财务风险

企业只要进行筹资，都会产生或多或少的资金成本，企业为筹集资金而需付出的代价，主要就是财务利息费用以及金融机构收取的服务费等。针对上文提到的股权筹资和债券筹资两种不同的方式，就成本而言，债券筹资成本较低。主要是由于借款偿还的周期、性质和方式不同。但是股权筹资在筹资速度等方面有自身的优势。企业在筹资过程中，要协调好速度和成本的关系，合理地进行筹资的分配，从而找到成本低、速度快的筹资方式。并且还要考虑到筹资过程中的风险，如成本风险和速度风险，有效地进行规避，保证筹资效率。

二、投资管理

（一）投资管理的基本概念

投资是使用资本的过程，是为了将来获得更多的现金流入而当前付出现金的经济行为。投资管理就是在企业投放资金资产的过程中所产生的各种问题的解决流程和制度，主要是为了企业以后有更强的竞争力，可以在企业的运营中得到更高的投资收益，而对投资的各项环节采取措施进行控制的过程管理。

（二）投资管理相关要素

1.投资对象

投资对象作为投资活动中不可缺少的要素，对于控制投资规模、调整投资结构、提高投资效益、促进生产的发展起着重要的作用。投资对象的选择，应当根据自然、社会、经济技术、现有的生产能力和市场的需求，建立在科学的决策基础之上。

2.投资管理工具

企业往往借助投资管理工具来帮助企业开展投资管理工作，如项目投资可行性研究、项目后评价等投资管理工具。

（1）项目投资可行性研究

可行性研究是企业投资管理的重要工具，可以说是先决条件。只有经历过科学决策体系论证，才能尽可能地规避投资决策风险，防范非系统性风险。相同投资额，选取投资回报率高、内含报酬率高的项目，可以提高资金使用效率，创造更大效益，从而实现投资管理的最终目标。可行性研究包括但不限于风险管理、合法合规性、税务筹划、财务指标等。其中有些指标是刚性指标，只要没达标，无论其他指标如何优秀，也不能投资。项目只有各方面都均衡发展，各项优秀才能算得上好项目，才能为企业创造价值。

可行性研究要寻找合适的投资标的物。投资标的物的寻找往往是因企业而异，结合企业自身战略规划进行抉择。选定的投资标的物既可以是企业准备兼并的对象，也可以是预计投资的公司。可以横向并购来扩大公司的规模，实现横向一体化发展；也可以纵向并购以打通产业上下游链条。简而言之，没有统一且明确的标准，满足企业特定需求及战略发展即可。而后要进行多角度可行性分析，对要计划投资的企业进行多维度全方面的审查，包括但不限于财务报表及附注、被投资企业近三年经营状况、税收和法律等方面情况。

可行性研究也可以从市场分析、技术分析、生产分析等几个角度入手。涉及对价问题，往往需要聘请中介机构，对目标企业价值进行评估，对企业并购后的协同效应也要一并进行评估。

（2）项目后评价

项目后评价是指投资完成后由专门设立的工作小组对投资项目的各项指标进行持续评价的过程。投资管理是全过程管理，项目后评价作为其全过程管理中的最后一环其实尤为重要，它也是投资人对投资管理进行监管评价的重要手段之一。项目后评价有助于找出可行性分析与实际执行中指标的差异和变化，有的放矢地分析出差异原因，总结成功可复制经验予以推广，吸取失败教训，今后避免再次发生，为以后投资活动少走冤枉路提供借鉴。

企业应设有专门的部门和专职人员对投资项目进行跟踪管理，时刻关注其财务状况、现金流量情况及其他重大事项，一旦发现特殊情况，及时报告并且妥善处理。对于投资失败的项目要立即止损，避免出现无底洞现象，强化投资回收环节的控制力度；对于投资盈利的企业，要从其经营过程中总结可复制可推广的优秀管理模式，并予以推广。

3.投资管理模式

投资管理模式主要是集权管理、分权管理和矩阵式管理。集权管理有利于集团整体投资活动统一指挥、集中领导、果断决策，可以有效地拟定和贯彻企业的经营战略，可以充分利用企业的经营资源，发挥规模效应；有利于提高企业的整体效益，但是会降低决策质量，影响决策的正确性和及时性，降低企业的适应能力。过度集权会使各个部门失去自我适应和自我调整的能力，削弱了企业整体的应变能力，不利于调动下属积极性，不利于下属单位或公司的决策权、发言权和自主权，磨灭积极性。

分权管理可使子公司拥有财务自由，充分发挥下级企业的主观能动性，不易产生独断专行等现象；对子公司经营管理成本低，使得母公司将精力放在资本经营和宏观控制上，从而建成特大型集团。但是难以统一指挥和协调，部分子公司因追求自身利益忽视集团整体利益，财务管理职能弱化，容易使财务信息失真，难以形成一致管控标准，各自为政，造成分散主义、本位主义。

矩阵式管理则是为了克服极端集权制和极端分权制的不足而产生的管理模式。企业将投资管理的部分决策适度下放，可以全面调动企业各层级参与人员的积极性，提升决策的正确性，避免集权制度下的决策迟滞，也解决了分权下各自为政的弊端，可以最大化集团整体利益。在统一的管理标准和口径下，结合各单位或子公司行业特点自行安排组织架构，发挥行业优势。

三、营运资金管理

（一）营运资金管理的内涵

1.营运资金管理的概念

营运资金是指为满足企业日常经营活动所需要的资金，由流动资产和流动负债构成。营运资金管理的基本任务是短期资金的筹措和短期资金周转效率的提高。其基本目标是通过有效地进行资金的日常调度和调剂，合理配置资金，以提高资金的使用效率，增强短期资金的流动性。

营运资金管理是对企业流动资产和流动负债的管理。由于企业需要大量的营运资金来推动生产经营活动的进行，而对于营运资金指标的计算可以在一定程度上反映企业的资金周转效率和营运风险，营运资金管理是资金流管理的重要环节。营运资金是企业生产经营过程中用于日常运营与周转所需要的资金。传统的营运资金包括广义、狭义两个概念。广义营运资金是指企业投放于流动资产上的资金，狭义营运资金是企业流动资产与流动负债的差额。

营运资金管理的主要内容是：①合理安排流动资金与流动负债的比例关系，确保企业具有较强的短期偿债能力；②加强流动资产管理，提高流动资产的周转效率，改善企业财务状况；③优化流动资产以及流动负债的内部结构，以使企业短期资金周转得以顺利进行和短期信用能力得以维持。

企业开展生产经营活动需要一定量的营运资金为基础。首先，由于流动资产具有较强的流动性，因此企业可将流动资产作为一种资金储备的形式，在进行资金周转时，使其变为货币形态，形成企业的现金流入，补充营运资金，而企业通过支付等行为，形成现金流出，进行债务清偿或清算。总体来说，企业持有的流动资产越多，短期偿债能力就越强。其次，由于企业现金流入量与流出量具有一定的不确定性和非同步性，这就要求企业保持一定数量的营运资金。例如企业往往先行支付采购货款，而后取得销售收入，资金的流入与流出不具有时间上的同步性，金额也往往不对等，加之企业未来经营活动的不确定性，使得预测现金流量的难度加大。在实际操作中，企业的现金收付具有极大的不对称性，因此无法保证二者在时间上的同步。为了保证企业具有一定的资金支付能力来支付各项经营费用、偿还到期债务，企业的日常经营需要储备一定金额的营运资金。

2.营运资金管理的特征

为了加强企业营运资金管理的有效性，探究营运资金的资金特点尤为关键。根据营运资金管理在企业管理中的实务操作得出，企业营运资金通常具有灵活性、复杂性、及时性三个特征。

（1）灵活性

营运资金来源的多样性使得其管理具有灵活性的特征。因为企业营运资金的筹集方式多种多样，银行借款、应付债券、应付职工薪酬、应交税费、预收货款等都为常用的多种企业融资方式。这就要求企业根据自身情况审时度势，灵活安排筹资，为企业争取资金成本最低、最为安全的营运资金。

（2）复杂性

营运资金需求的变化性导致企业营运资金管理具有复杂性的特征。由于企业外部经济环境和自身发展阶段的变化，企业流动资产的数量和金额处于不断变动的状态，波动性较大。特别是具有经营周期的企业更是如此，经营旺季营运资金需求量大，淡季需求量小，并且随着企业流动资产的变动，流动负债也会随之发生变化，企业资金运动的复杂性决定了其管理也具有复杂性的特征。

（3）及时性

营运资金周转的短期性使其管理具有及时性的特征。由于营运资金表示企业流动资产占用资金的数量，而流动资产代表企业流动性相对较强的资产，周转速度快就要求企业在资金管理问题上必须及时做出决策，不得拖延或滞后。这一时效性要求决定了企业营运资金管理具有及时性特征。

3.营运资金管理的内容

营运资金的管理内容应围绕资金运用及资金筹措两个方面展开。第一，企业应在流动资产上投放多少数量的资金？第二，企业应如何进行融资？资金运用的管理内容具体包括企业日常支付采购原料价款、支付费用、工人工资等内容，而资金筹措管理则涵盖企业商业信用借款、发行债券筹资、银行借款等内容。

（二）营运资金管理的目标

企业营运资金管理目标应符合企业价值的目标要求，此时需要重视企业对平衡流动性和收益性的举措，保持合理的资本结构。为了使得企业利润长期最大化，不允许企业拥有过多的闲置资金，同时应降低企业的风险。

1.资金需求的合理化保证

管理者站在一个较高的层面来管控全局，对企业整体状况有了更加深入的了解，也更加明白营运资金的需求量的重要性。要做到这一点，或者说企业要做好这一块的工作，需要不断保持现有生产规模，或者根据市场变化情况及时做出调整，以及在融资能力方面加强，扩大融资渠道，保持企业在正常生产经营的情况下，还能拥有富余资金保证企业的需要，开展企业活动的多样化局面。

2.资金使用效率提高保证

为了让企业获取更大的经济收益，企业可以调整资金运转的周期，使资金变现速度加快。企业应尽量加快流动资产周转率，使得企业内一些无法很明确观察到的成本降低，提高资金使用效率。

3.资金使用成本约束保证

企业如果想降低资金使用成本，不仅仅是单纯的减少，必须充分找出这个资金所拥有的潜力，即企业是否可以用较低的成本获取比以前更高的效益。有时候对企业来说，平衡收益和成本两者之间的关系也是非常重要的一步。当企业站在一个长远的角度上看发展，资金的使用就会更加具有科学性和合理性，因而就必须合理配置资源，积极拓宽融资渠道，尽可能地多筹措低成本资金。

（三）营运资金管理的重要性

营运资金管理是对企业流动资产及流动负债的管理。一个企业要维持正常的运转就必须拥有适量的营运资金，营运资金管理是企业财务管理的重要组成部分。企业财务经理有一半以上的内容都用于营运资金管理。要搞好营运资金管理，必须解决好流动资产和流动负债两个方面的问题，换句话说，就是要解决好下面两个问题。

第一，企业应该投资多少在流动资产上，即资金运用的管理主要包括现金管理、应收账款管理和存货管理。

第二，企业应该怎样进行流动资产的融资，即资金筹措的管理包括银行短期借款的管理和商业信用的管理。可见，营运资金管理的核心内容就是对资金运用和资金筹措的管理。

四、利润分配管理

（一）利润分配管理的概念和内容

利润分配管理主要是研究企业实现的税后净利润如何进行分配，即多少用于发放给投资者，多少用于企业留存。利润分配决策的关键是如何在股东的近期利益和长远利益中进行权衡。股利发放过少，会使股东的近期利益得不到满足，而股利发放过多，又会使企业留存过少，不利于企业的长期发展。

具体来说，利润分配管理要解决的问题包括：①股东对股利分配的要求；②企业发展对保留盈余的要求；③影响股利政策的各种因素；④股利政策的选择和连续性。

（二）企业经济利润分配管理的作用

企业进行利润分配管理是现阶段企业管理中必不可少的部分，是企业管理的重要内容，反之，利润分配管理对企业也有着重要的作用。在此将企业进行利润分配管理的作用以及意义分为以下两点。

第一，利润分配管理工作能够调动员工的积极性。从实际上来看，员工辛劳地进行工作就是为了获得相应的回报，如果员工付出的劳动与回报是成正比的，员工会更加积极地工作，为企业创造更多的价值。反之，将不利于企业的发展。科学合理地进行利润分配的管理能够最大限度地调动员工的积极性，对企业的发展有着积极的作用。

第二，利润分配能够促进企业的发展，对于企业形成和谐的企业文化有着巨大的帮助作用。政府呼吁建设和谐社会，和谐的企业也是和谐社会的一部分，建立和谐的企业是对国家政策的支持，与建立和谐社会的意义是一样的。企业的和谐体现在员工之间相处和谐、互相帮助、企业健康发展等方面，这些和谐的现象都可以通过利润分配管理得以实现。企业拥有和谐的文化之后，势必朝着更加健康的方向发展，实现企业的可持续发展。

（三）企业经济利润分配管理的策略

利润分配管理对企业发展十分重要，如何做好企业的利润分配管理成为讨论的热点，也成为企业发展的重点问题之一。在此按照企业发展的不同阶段、经济发展的不同类型提出了不同的利润分配管理方法，具体如下。

1.企业起步阶段应该采用适量股利分配的政策

企业发展的起步阶段面临着较多的问题，对于市场风险的掌控能力较低，无法准确地防御风险。例如，企业无法预测市场需求量，会出现销路问题等，这就是由于企业不切实际的预算收益造成的。这个阶段的企业就应该采用适量股利分配的政策，运用这种政策进行利润分配管理能够帮助企业渡过难关。又如，起步阶段企业获得的利润较少，可以将大部分的利润进行分红，而剩下的小部分利润可以进行投资，寻求发展的机会。这种利润分配方法强调的是小部分利润的投资，这种利润分配方法最适合企业起步阶段的实际情形，既能够保证员工的福利又能够适当地促进企业的发展，相对来说是比较完善的利润分配管理方法。

2.企业发展阶段应稍微加大对员工的利润分配力度

企业发展阶段应该在适量股利分配政策的基础上，稍微加大对员工的利润分配力度。企业在发展阶段面临着扩大规模、扩大经营范围的问题，相对来说需要大量的资金来支撑这些经济活动，这样企业才能迅速、健康地成长。另外，企业在发展阶段经营能力得到了提升，利润会有所增加，这也是企业发展阶段的表现。面对企业的实际情况，这一阶段企业财务部门应该将利润进行集中管理，帮助企业收集资金，做到“低成本高收入”。一般来说，发展阶段的企业股票价格相对较高，很多人认为这种现象不利于企业进行利润分配管理，但实际上却不是这样的。实际上，现阶段的企业在高速发展的过程中，股利与股价之间是一种相对和谐的关系，因为国家实行了“重发展，兼顾股利”的政策，企业的发展成为重点，发展与股利之间的关系相对和谐了许多。发展阶段企业能够获得更多的利润，企业必须提高保留利润的比例，这样才能防止利润流失。发展阶段的企业实现大部分利润保留的政策能够加大资金对外投资的力度，随之就能优化资本结构。发展阶段的利润分配政策虽然是剩余股利政策，但是这样的低股息不会影响股票价格，不会造成股价较大的波动。但是这并不意味着股息对于股价完全没有影响，而是股息不能直接影响股利，影响的力度相对减小了。在企业的高速发展阶段，许多因素会导致利润分配政策的改变，如企业之间的竞争、货币汇率的改变等，这些因素都会导致企业在不能采用适量股利分配政策的时候，采用其他政策也应该考虑股利的分配，因为股利是企业的固有资产，任何时候都关系着企业的发展。

3.平稳发展阶段的企业应该采用稳定的股利分配政策

平稳发展阶段的企业相对来说比较成熟，拥有了相对成熟的经营技术，有能力把握股利的发放额度。除此之外，平稳发展阶段的企业更多的是注重现有产品的推广服务，在此基础上会一定程度地研发新产品，以此来改善经营结构，所以平稳发展阶段的企业必须保证有一笔资金来支撑各项产品的研发工作。这一阶段的企业不仅要有充足的资金来满足股利政策的需求，还要有充足的资金来支持新产品研发。这一阶段的利润分配政策相对稳定，利润分配相对均匀，管理者应该清晰地了解利润分配的策略，实现平稳的股利分配政策。

4.企业发展滞后阶段应该采用高现金的股利分配政策

企业发展滞后时期的特点主要表现在实现了财务收缩政策。这是因为企业失去了竞争中的各项优势，利润大幅降低，企业处于举步维艰的状态，面临着随时退出的危险。这一时期企业的利润迅速降低，各项利润越来越少，风险逐步增加，面对这些问题企业不得不采取高现金的分配政策。这一时期企业资金流通比较困难，股票价格持续走低，只有现金较多，采用高现金的分配方法才是唯一的选择。同时，也只有通过这种方法才能挽救企业的发展。

第三节 财务管理环境

一、法律环境

企业财务管理的法律环境是指企业和外部发生经济关系时所应遵守的各种法律、法规和规章制度。企业财务管理活动，无论筹资、投资还是利润分配，都要和企业外部发生经济关系。在处理这些经济关系时，应当遵守相关的法律规范。

（一）企业组织法规

企业组织必须依法成立，不同类型的企业在组建过程中适用不同的法律。在我国，这些法律包括《中华人民共和国公司法》（以下简称《公司法》）、《中华人民共和国个人独资企业法》、《中华人民共和国合伙企业法》等，这些法规详细规定了不同类型的企业组织设立的条件、设立的程序、组织机构、组织变更以及终止的条件和程序等。例如,《公司法》对公司的设立条件、设立程序、组织机构、组织变更和终止条件、终止程序等都做了规定，《公司法》也对公司生产经营的主要方面做了规定，即公司一旦成立，其主要的活动都要按照《公司法》的规定进行。因此，《公司法》是公司财务管理最重要的强制性规范，公司财务管理活动不能违反该法律，公司的自主权不能超出该法律的限制。

（二）税法

税法是国家制定的用以调整国家与纳税人之间在征纳税方面权利与义务的法律规范的总称。税法是国家法律的重要组成部分，是保障国家和纳税人合法权益的法律规范。税法按征收对象不同可以分为以下五种。

第一，对流转额课税的税法，即以企业的销售所得为征税对象，主要包括增值税、消费税、营业税和进出口关税；第二，对所得额课税的税法，包括企业所得税、个人所得税，其中，企业所得税适用于在中华人民共和国境内的企业和其他取得收入的组织（不包括个人独资企业和合伙企业），上述企业在我国境内和境外的生产、经营所得和其他所得为应纳税所得额，一般按25%的税率计算缴纳税款；第三，对自然资源课税的税法，目前主要以矿产资源和土地为征税对象，包括资源税、城镇土地使用税等；第四，对财产课税的税法，即以纳税人所有的财产为征税对象，主要有房产税；第五，对行为课税的税法，即以纳税人的某种特定行为为征税对象，主要有印花税、城市维护建设税等。

任何企业都有纳税的法定义务。税负是企业的一种费用，它增加企业的现金流出，对企业财产有重要的影响。企业都希望在不违反税法的前提下，减轻税务负担。税负的减少，只能靠投资、筹资和利润分配等财务决策的精心安排和筹划，而不允许在纳税行为已发生时去偷税、漏税。这就要求财务人员熟悉并精通税法，为财务管理目标服务。

（三）财务法规

财务法规是规范企业财务活动、协调企业财务关系的行为准则。财务法规对于促进企业依法自主经营、自负盈亏、自我发展、自我约束，使企业成为产权明晰、权责明确、政企分开、科学管理的现代企业，具有十分重要的意义。财务法规主要包括企业财务通则、分行业的财务制度和企业内部财务制度。《企业财务通则》是各类企业进行财务活动、实施财务管理的基本规范，是制定行业财务制度和企业内部财务制度的依据；行业财务制度是根据《企业财务通则》制定的，为适应不同行业的特点和管理要求，由财政部制定的行业规范；企业内部财务制度是企业管理者根据当局《企业财务通则》和行业财务制度制定的，用来规范企业内部财务行为，处理企业内部财务关系的具体规则。

二、金融环境

广义的金融市场是指一切资本流动的场所，包括实物资本和货币资本的流动场所。其交易对象包括货币借贷、票据承兑和贴现、有价证券的买卖、黄金和外汇买卖、国内外保险、生产资料的产权交换等。狭义的金融市场是指有价证券市场。

（一）金融市场和企业财务管理的关系

金融市场是企业投资和筹资的场所。第一，金融市场上存在多种方便灵活的筹资方式，企业需要资金时，可以到金融市场选择合适的筹资方式筹集所需资金，以保证生产经营的顺利进行；当企业有多余的资金时，又可以到金融市场选择灵活多样的投资方式，为资金的使用寻找出路。第二，企业通过金融市场使长短期资金相互转化，当企业持有的是长期债券和股票等长期资产时，可以在金融市场转手变现，使其成为短期资金，而短期票据也可以通过贴现变为现金；与此相反，短期资金也可以在金融市场上转变为股票和长期债券等长期资产。第三，金融市场为企业财务管理提供了有意义的信息，金融市场的利率变动和各种金融资产的价格变动，都反映了资金的供求状况、宏观经济状况甚至发行股票和债券的企业的经营状况和盈利水平。这些信息是企业进行财务管理的重要依据，财务人员应随时关注。

（二）金融市场的内涵

1.金融市场

金融市场是指资金供给者与资金需求者通过一定方式融通资金达成交易的场所。金融市场可以是有形市场，如银行、证券交易所等，也可以是无形市场，如利用计算机网络、电传和电话等设施，通过经纪人融通资金。可从不同角度解读金融市场内涵：一是从形式来看，金融市场是金融资产交易的有形和无形场所；二是从交易中介来看，金融市场反映金融资产供求关系；三是从交易过程来看，金融市场是金融产品价格发现的场所；四是从财富运营来看，金融市场可将“埋没”的财富运作起来。也就是说，金融市场能将未经使用的财富用于当前交易，或者用作财富借贷担保。

金融市场按不同的标准，有不同的分类。按交易期限划分为货币市场和资本市场。货币市场是指交易对象期限不超过一年的资金交易市场，也称为“短期资金市场”。资本市场是指交易对象期限在一年以上的股票和债券交易市场，也称为“长期金融市场”。按交割时间划分为现货市场和期货市场。现货市场是指买卖双方成交后，当场或几天之后买方付款、卖方交出证券的交易市场；期货市场是指买卖双方成交后，在双方约定的未来某一特定的时日才交割的交易市场。按交易性质划分为发行市场和流通市场。发行市场是指从事新证券和票据等金融工具买卖的转让市场，也叫“初级市场”或“一级市场”；流通市场是指从事已上市的旧证券或票据等金融工具买卖的转让市场，也叫“次级市场”或“二级市场”。按交易的直接对象划分为票据承兑市场、票据贴现市场、有价证券市场、黄金市场、外汇市场等。

2.金融机构

金融机构主要包括商业银行、投资银行、证券公司、保险公司、各类基金管理公司。商业银行的主要作用是资金的存贷，它们从广大居民手中吸收存款，再以借款的形式将这些资金提供给企业等资金需求者。投资银行在现代企业筹资活动中处于非常重要的地位，任何企业发行债券或股票，都要借助投资银行的帮助。目前在我国，投资银行的业务主要由各类证券公司承担。保险公司和各类基金管理公司是金融市场上主要的机构投资者，它们从广大投保人和基金投资者手中聚集了大量资金，同时，又投资于证券市场，成为公司基金的一项重要来源。目前，我国已经存在多家保险公司和基金管理公司，这些机构投资者在金融市场上的作用将越来越重要。

3.金融工具

金融工具是能够证明债权债务关系或所有权关系，并据以进行货币资金交易的合法凭证，它对于交易双方所应承担的义务与享有的权利均具有法律效力。我国金融工具主要包括票据、股票、债券、基金、衍生金融工具等。

一是票据，指出票人依法签发的，约定自己或委托付款人在见票时或在指定日期向收款人或持票人无条件支付一定金额货币，并可以转让的有价证券。票据主要包括商业汇票、支票、本票等。二是股票，一种有价证券，它是股份有限公司公开发行的、用以证明投资者的股东身份和权益、并据以获得股息和红利的凭证。股票一经认购，持有者不能以任何理由要求退还股本，只能通过证券市场将股票转让和出售。按股票所代表的股东权利划分，股票可分为普通股股票和优先股股票。三是债券，指债务人向债权人出具的、在一定时期支付利息和到期归还本金的债权债务凭证，上面载明债券发行机构、面额、期限、利率等事项。根据发行人的不同，债券可分为企业债券、政府债券和金融债券三大类。四是基金（也称“投资基金”），指通过发行基金凭证（包括基金股份和受益凭证），将众多投资者分散的资金集中起来，由专业的投资机构分散投资于股票、债券或其他金融资产，并将投资收益分配给基金持有者的投资制度。五是衍生金融工具，指从传统金融工具中派生出来的新型金融工具。衍生金融工具最基本的有三类，即金融期货、金融期权和金融互换，以此为核心还可以创新出种类繁多的具有相似特质的工具。

（三）金融市场的作用

1.投资与融资

为了筹措所需资金，企业须根据市场供求关系和投资者偏好，设计满足不同类型投资者或者差异化的融资产品，实现企业融资需求，如为了筹措企业长期债务资金，企业可发行普通债券、有担保的债券、抵押债券等，只要这些差异化的融资产品能够满足投资者的需求，就能够获得企业发展所需的资金。同样的，如果企业有闲散资金，也可以通过金融市场购买不同品种的投资产品，分散投资风险，在风险可接受的条件下，实现闲散资金的投资收益率。金融市场的作用是实现投资与融资的信息交换、利益与风险的对接。

2.分散风险

企业通过金融产品的投资组合，可分散资金的投资风险。企业也可通过不同融资方式，分散财务风险。若企业经营的产品是期货品种，可做期货对冲交易，减少产品价格波动风险。金融市场的作用是将单位价值大的财富进行分割，以提高财富流动性。例如公司整体价值大，用股票将公司分割成无数股份，发行股票数越多，股票代表的公司财富越低，价格越便宜，越容易交易和流通。越是流动性高的物品，人们对它的保管和看护的责任就越低。现金流动性最高，人们只对其有保管的责任。机器设备流动性低，人们不仅要看管好机器设备，还要经常维护和保养设备，增加防护措施等保障机器设备安全，责任明显加强。当股票能够在市场上自由流通时，大多数购买股票的散户，并不关心股份公司的日常经营运作。在所有权与经营权分离下，股票流动性降低了持有人的责任和风险。金融市场创造了流动机制，改变了影响价格的许多因素，也改变了人们对风险的控制。

3.降低交易成本

金融市场的作用在于提高金融产品信息的透明度。大量金融中介机构介入，降低了金融产品信息的获取成本，中介机构为交易双方创造了交易条件，进一步降低了金融产品交易成本。比如公司采用固定利率向银行借款或发行债券，在市场利率不断下滑的预期下，提前还贷再重新向银行贷款，或收回已发行的债券再发行低利率债券，利用互换将固定利率转化成浮动利率就能轻而易举地取得同样效果，且几乎不花什么融资费用。企业利用互换工具有效地降低了交易成本，并为公司资金使用提供了保护。同样，如果公司预期所持另一家公司的股票下滑，又不愿失去对这家公司的控制，可以先卖出这家公司股票，然后在低价位再买入这家公司的股票，这样操作的结果是支付了大笔交易费用。如果公司买入这家公司股票的看跌期权，交易费用就可以得到有效降低。金融市场衍生工具只有两种功能——投资和保值，利用保值功能就能有效地控制风险、降低交易成本。

（四）利率

利率也称“利息率”，是利息占本金的百分比指标。利率在资金分配及企业财务决策中起着重要作用。利率可按照不同的标准进行分类：按利率之间的变动关系，分为基准利率和套算利率；按利率与市场资金供求情况的关系，分为固定利率和浮动利率；按利率形成机制不同，分为市场利率和法定利率。

市场利率和法定利率通常由三部分组成：纯利率、通货膨胀补偿率（或称“通货膨胀贴水”）、风险收益率。纯利率是指没有风险和通货膨胀情况下的社会平均资金利润率；通货膨胀补偿率是指由于持续的通货膨胀会不断降低货币的实际购买力，为补偿其购买力损失而要求提高的利率；风险收益率包括违约风险收益率、流动性风险收益率和期限风险收益率。其中，违约风险收益率是指为了弥补因债务人无法按时还本付息而带来的风险，由债权人要求提高的利率。流动性风险收益率是指为了弥补因债务人资产流动性不好而带来的风险，由债权人要求提高的利率。期限风险收益率是指为了弥补因偿债期长而带来的风险，由债权人要求提高的利率。

三、财务管理环境系统分析

（一）财务管理环境基础要素

基础要素是外部条件中直接作用于企业财务活动的基础性要素。按照基础要素的来源、作用和影响方式不同，可以将其分为金融环境、法律环境、经济环境和市场环境下的基础要素。无论融资决策还是投资管理，也无论风险控制还是资本运营，企业财务管理始终致力获取收益和成长性，降低成本和风险。在财务管理环境中，将直接影响财务管理收益、成本、风险和成长性的要素界定为基础要素，把握基础要素的变化，企业就能更快、更好地适应财务管理环境的变化和要求。

在金融环境中，如果将基础要素进行细分，就有利率、汇率、衍生工具、银企关系、金融产品与服务等。基础要素细分得越具体，企业就越能把握其变化，越有利于财务管理创新。比如利率直接影响到企业融资成本和财务风险，也关乎企业利润增长。利率市场化使得利率波动性变大，利率风险控制工具就会应运而生，成为财务活动套期保值的技术手段。企业可以通过利率互换、利率远期或利率期货控制其融资面临的利率风险。利率自然成为金融环境中的基础要素了。企业根据所处的财务管理环境，确定影响财务管理的基础要素，就可以改善财务管理预期，提升应变能力。经济发展、科技进步、政府调控经济能力增强将持续推动和影响着企业财务管理环境变化。

（二）财务管理环境的次级要素

如果停留在财务管理环境基础性要素掌控上，财务管理只是被动应对环境变化。主动应对财务管理环境变化进行财务创新，就能抓住先机，做到未雨绸缪，使财富达到最大化。把握财务管理环境基础要素变化趋势，需要分析财务管理环境次级要素。次级要素是间接影响财务活动、直接作用于基础要素的要素，如一份行业研究报告、一次会议提案，都有可能成为改变经济政策的导火线，这些次级要素值得关注。

财务管理环境要素分为基础要素和次级要素，可以分清哪些财务管理环境要素对财务管理影响是直接的、立竿见影的，哪些是间接的、波动性较大的、传导费时的、有充足时间应对的。环境改变的是财务管理收益、成本、风险和成长性，与经济活动水平有关。经济活动水平低，财务管理对环境变化的敏感性不高。财务管理活动的有效性决定了财务管理目标的实现程度。

第二章　现代企业财务管理程序

第一节　财务预测与规划

一、财务预测

（一）财务预测的概念

财务预测是指利用企业过去和现在的财务活动资料，根据企业未来财务目标，结合企业未来经营战略和面临的财务管理环境，对企业未来营业收入增长及资金需求情况做出的科学推测与估计。

（二）财务预测的意义

财务预测的意义和目的主要包括以下五个方面。

1.财务预测是融资规划的基础和前提

企业要对外提供产品和服务，必须有一定的资产。营业收入增加的同时，也会带来流动资产和固定资产的增加。为取得对外销售所需增加的资产，企业要通过内源融资和外源融资来筹措资金。企业融资往往需要较长时间，这就要求预先明确财务需求，以便提前安排融资计划。财务预测所确定的预期营业收入增长率、盈利能力等相关财务指标是进行财务规划进而满足融资需求的基础和前提。

2.财务预测有助于改善投资决策

根据营业收入增长前景估计出的融资需要不一定总能得到满足。因此，就需要根据筹措到的资金来安排营业收入增长，以及有关的投资项目，使投资决策建立在统一的基础上。

3.财务预测有助于评价企业价值的实现程度

通过财务预测可以估计企业未来发展能否实现企业总体价值目标，有助于股东或利益相关者确定对企业未来的预期目标。

4.财务预测可以增强财务活动的可行性和一致性

除了创造企业价值这个总目标外，企业还有一系列具体的目标，如市场份额、财务杠杆、权益报酬率等。这些不同目标之间的联系很难看出来，财务预测和随之而来的财务规划可采用统一的结构来协调这些不同的目标，把它们紧密联系起来，达到可行性和一致性。

5.财务预测有助于应变未来

财务预测是面向未来，是超前思考的过程，不可能十分准确。但是财务预测给人们展现了未来的前景，促使人们制订应变计划，提高对不确定事件的反应能力，从而减少不利事件带来的损失，增加有利机会带来的收益。

（三）财务预测的方法

财务预测是对企业未来营业收入增长及资金需求情况做出的推测与估计，为企业决策提供依据，这就需要科学和严谨的方法与程序。财务预测的方法有定性预测法和定量预测法两大类。

1.定性预测法

定性预测法，又称“判断预测法”。它是由企业组织一些熟悉业务，并有一定理论知识和综合判断能力的专家及专业人员，利用相关资料，依靠个人经验的主观判断和综合分析能力，对未来状况和趋势做出预测的一种方法。常用的定性预测方法主要有意见汇集法、专家小组法和德尔菲法。

（1）意见汇集法

意见汇集法是由企业财务预测人员根据事先拟订好的预测提纲，对相关管理人员、专家和业务人员展开调查，广泛征求意见，然后把各方面的意见进行整理、归纳、分析、判断，最后做出预测结论。

该方法能广泛收集专业人员的意见，集思广益，并且耗时和耗费都比较少，运用灵活。但预测结果易受个人主观判断的影响，对一个问题可能产生多种不一致的观点，难以得出令人信服的结论。

（2）专家小组法

专家小组法是由企业组织有关方面的专家组成预测小组，通过召开座谈会的形式，进行充分、广泛的调查研究和讨论，然后根据专家小组的集体研究成果做出最后的预测判断。

该方法由专家小组成员面对面地进行集体讨论和研究，可以相互启发、印证和补充，使预测问题的分析和研究更充分、全面和深入，避免各专家因信息资料不能共享而使预测带有片面性。但由于会议上进行的是面对面的讨论，参加者可能碍于情面而不能充分发表自己的意见，有些观点难免会受到别人左右。

（3）德尔菲法

德尔菲法又称“专家调查法”，主要是采用通信方法，通过向有关专家发出预测问题调查表的方式来收集和征求专家们的意见，并经过多次反复、综合、整理、归纳各专家的意见之后，做出预测判断。

该方法既让各位专家可以各抒已见，又可以集思广益，取长补短。对专家意见进行综合分析，有助于克服预测中的片面性。但该方法占用时间较多，速度较慢。总体来讲，定性预测法容易受主观因素影响，因而精确度、客观性相对较差。

2.定量预测法

定量预测法是指借助于一定的数学方法对企业财务发展趋势、未来财务状况和财务成果做出数量分析的预测方法。财务预测中的定量预测方法主要有营业收入百分比法、回归分析法等。

（1）营业收入百分比法

营业收入百分比法是根据营业收入与资产负债表和利润表项目之间的相关关系，假设企业营业收入与部分成本、费用、资产和负债之间存在稳定的比例关系，根据预测出的营业收入就可以对预测期的资产负债表、利润表项目进行预测的方法。营业收入百分比法有三个主要特点：一是成本、费用、资产和负债随营业收入的增长而同比例放大；二是总体和单项的资产周转率都不变；三是资产结构保持不变。基于以上三个特点，用营业收入百分比法，就可以根据预测期营业收入的增长率、比例关系预测成本、费用、资金和负债的数值，进而计算企业未来的资金需求量，为企业资金筹措提供参考依据。

该方法操作简单，通俗易懂，但也存在局限性。由于没有考虑各项资产对当期营业收入贡献的差异性，按同比例增长的方法与实际情况可能产生较大的误差。因此,在实际操作中，还需要参考其他因素的影响做出适当的调整。此外，未来期间资产结构保持不变也可能与实际情况不符。

（2）回归分析法

回归分析法是利用一系列历史资料求得资金需求量和营业收入的函数关系，在已知预期的营业收入后，根据函数关系预测资金需求量的方法。

回归分析法需要根据资金习性对资金进行划分。资金习性，是资金需求量和业务量之间的依存关系。一般来说，资金需求量会随着业务量变化而变化。按照资金需求量和业务量之间的依存关系，可以把所有资金分为不变资金和变动资金。不变资金是指在一定的相关范围内，不受业务量变动的影响而保持固定不变的那部分资金；可变资金是指随业务量的变动而呈正比例变动的那部分资金。根据资金习性建立资金模型，对资金需求量进行预测分析。

回归分析法可以建立总资金需求模型，即按营业收入与占用资金总额的历史资料进行回归分析，得出总资金需求函数，然后根据预测的营业收入一次计算出资金需求。

回归分析法也可以分别建立各项资产、负债项目和营业收入的函数关系，即分别按营业收入与各项资产、负债与历史资料进行回归分析，得出各自的资金需求函数，然后根据预测的营业收入，分别完成各项资产、负债项目的预测。后面的计算步骤与营业收入百分比法相同。回归分析法因利用一系列的历史资料和回归技术进行预测，预测结果较为准确。一般而言，历史资料跨期越长越准确，在没有足够历史资料的情况下，难以实施。由于回归技术比较复杂，可以使用相关软件进行操作。

（四）财务预测的程序

财务预测是进行财务规划的前提，财务预测将预期市场目标转化为预期财务目标，并进一步转化为预期资产需求和融资需求目标，从而进行财务规划。一般情况下，财务预测之前先要制定市场战略，然后进行预测收入，预测资产需求、融资需求的过程。根据财务预测到财务规划的两次目标转化过程，财务预测的一般程序如下。

1.预测营业收入

营业收入预测是财务预测的起点，是资产需求、成本费用、融资需求等一系列预测的基础。营业收入预测完成后才能开始财务预测，一般情况下，财务预测是把营业收入数据视为已知数，作为财务预测的起点。预测营业收入时需要分析过去及现在财务报表显示的业绩状况，并根据经营战略判断企业的发展状况，研究产品结构和市场结构等。可以采用回归分析法和产品结构法进行预测。回归分析法是利用历史数据，寻求营业收入与资金需求量之间的函数关系，然后根据函数关系预测营业收入。产品结构法主要是对企业各类产品的营业收入进行预期和调整，按照各类产品所占的比重进行加权汇总来预测总营业收入。

营业收入预测对财务预测的质量有重大影响。如果销售的实际状况超出预测很多，企业没有准备足够的资金添置设备或储备存货，则无法满足顾客需要，不仅会失去盈利机会，还会丧失原有的市场份额；相反，当企业筹集了大量资金购买设备并储备存货，但没有实现预期销售时，则会造成设备闲置和存货积压。

2.预计各项资产和自发增长的经营负债

一般来说，资产与营业收入之间存在一定的数量对应关系，用营业收入百分比法或回归分析法可以把这种对应关系用函数表示出来。根据预测期的营业收入和函数就可以预计各项资产的数额。负债项目的预测与资产同理。由于大部分的流动负债项目是经营活动自发增长的，预测期营业收入必然要有一定的经营负债，用营业收入百分比法或回归分析法可以把这种数量对应关系表示出来，从而对经营负债进行预测。这种自发增长的经营负债可以抵减预测期的一部分融资需求。

3.预计各项费用和增加的保留盈余

营业收入百分比法假设营业费用、管理费用等利润表项目与营业收入也存在稳定的比例关系，这样可以根据预测的营业收入估计费用、支出和损失，并在此基础上确定净收益。净收益和股利支付率共同决定保留盈余所能提供的资金数额。

4.预计外部融资需求

预测期的外部融资需求是根据会计恒等式计算的，资产总额等于负债总额与权益总额之和。因此，预测期资产增加额等于经营负债自发增长额、保留盈余增加额和外部融资需求额之和。

（五）长期财务预测

长期财务预测的时间跨度一般为3 ～ 5年，最长不超过10年。长期财务规划涉及基期和预测期，一般以预测期开始的上一年度为基期，是预测工作的起点。基期数据包括各项财务数据的金额、增长率以及反映财务数据之间关系的财务比率。通常情况下，如果经过历史财务报表数据分析，上年财务数据具有可持续性，则以上年数据作为基期数据；如果不具有可持续性，则要经过修正，以修正后的数据作为基期数据，使之适合预测期的发展情况。

长期财务预测的方法与上述方法基本相同，也是以营业收入预测为起始点，预测时需要注意年度之间的数据关系。

二、财务规划

（一）财务规划的概念

财务规划是在充分考虑使营业收入增长的投资需求与融资保障能力之间关系的前提下，对企业未来财务活动的整体性决策和科学判断。财务规划的基础和前提是进行财务预测，即财务规划是在对未来期间营业收入、资产、负债、权益等变化趋势与程度预测的基础上进行的，财务预测与规划可以为企业经济效益增长建立指南。

企业以发展求生存，营业收入增长是企业发展的主要表现。营业收入增长需要资产的增长来支撑，比如应收账款、存货、固定资产等，这就需要补充资金。资产增长所需的资金除了企业经营负债的自发增长和留存收益之外，还需要一定的外部融资。企业的外部融资受资本结构和融资规模等的限制，一般不能随意实现，因而会限制资产的增长，进而限制营业收入的增长。因此，这就需要进行财务规划，来协调营业收入增长和融资需求之间的矛盾，而缺乏有效的财务规划是企业出现财务困境和财务失败的主要原因之一。

（二）财务规划的研究内容

财务规划的核心问题是协调营业收入增长和融资能力约束的配合关系，主要包括以下两个方面。

1.营业收入增长要求下的融资需求

按照资产负债表从左至右的过程规划，即营业收入增长带来资产增长，资产增长先用自发性负债增长和留存收益增长满足，资金缺口需要外部融资。

2.融资能力约束下可以实现的营业收入最大增长率

按照资产负债表从右至左的过程规划，即资本结构和融资规模决定了企业的融资能力，融资能力约束了资产的增长，从而限定了营业收入可以实现的最大增长。

（三）财务规划的基本模型

企业的融资能力会限制企业的增长，从融资来源上看，企业增长的实现方式有三种。一是完全依靠内部资金增长。有些小企业无法取得借款，有些大企业不愿意借款，它们主要是靠内部积累实现增长，但有限的内部财务资源往往会限制企业的发展。二是主要依靠外部资金增长。外部筹资，包括增加债务和股东投资，增加负债会增加财务风险，导致筹资能力下降甚至完全丧失；增加股东投入资本不仅会分散控制权，且会稀释每股盈余。因此主要依靠外部资金实现增长是不能持久的。三是平衡增长，也称为“可持续增长”。即保持目前的财务结构和与此有关的财务风险，按照股东权益的增长比例增加借款，以此支持企业增长。

1.可持续增长率的假设条件

可持续增长率是指不增发新股并保持目前经营效率和财务政策条件下营业收入增长的最大比率。可持续增长率并非追求增长的最大化，企业应在不耗尽财务资源的情况下合理安排营业收入的增长，使得营业收入的增长与企业的财务政策相配合。过快或过慢的营业收入增长都有可能导致企业陷入财务困境。通过比较实际增长率和可持续增长率，可以判断企业的增长目标是否与财务资源相配合，从而适时进行调整，促使企业健康发展。

持续增长率模型的基本假设条件有以下五条。

第一，企业当前的资本结构是一个目标结构，并且打算继续维持下去。

第二，企业当前的股利支付率是一个目标支付率，并且打算继续维持下去。

第三，不增发新股。

第四，维持之前的营业收入净利率水平，并且可以涵盖负债的利息。

第五，维持当前的资产周转率水平。

在上述假设条件下，营业收入实际增长率与可持续增长率相等。

可持续增长的思想，不是说企业的增长不可以高于或低于可持续增长率，而是在于管理人员必须进行预测，并加以解决由于过快或过慢增长所导致的财务问题。如果增长过快，在不增发新股的情况下，超过部分的资金只有两个解决办法：提高资产收益率，或者改变财务政策。提高经营效率并非总是可行的，改变财务政策是有风险和极限的，因此超常增长只能是短期的。从长期来看，企业增长总是受到可持续增长率的制约。

2. 可持续增长率的计算

（1）根据期初股东权益计算的可持续增长率

在不改变经营效率和财政政策的情况下，限制资产增长的是股东权益增长率。

可持续增长率=满足五个假设前提条件下的营业收入增长率。

假设1（资产周转率不变）：营业收入增长率=总资产增长率。

假设2（资本结构不变）：总资产增长率=负债增长率。

假设3：负债增长率=股东权益增长率。

假设4（不增发新股）：股东权益增长率=留存收益增长率。

假设5：留存收益增长率=净利润增长率。

（2）根据期末股东权益计算的可持续增长率

根据期初股东权益计算的可持续增长率，需要知道上年度的股东权益，否则无法计算。

3. 可持续增长率与实际增长率的关系

可持续增长率是企业当前经营效率和财务政策决定的内在增长能力。实际增长率是本年营业收入比上年营业收入的增长百分比。在不增发新股的情况下，它们之间有如下关系。

第一，如果某一年的经营效率和财务政策与上年相同，则实际增长率、上年的可持续增长率以及本年的可持续增长率三者相等。这种增长状态，在资金上可以永远持续发展下去，可称为平衡增长。

第二，如果某一年的公式中的四个财务比率有一个或多个数值增长，则实际增长率就会超过本年的可持续增长率，本年的可持续增长率会超过上年的可持续增长率。由此可见，超常增长是“改变”财务比率的结果，而不是持续当前状态的结果。企业不可能每年提高这四个财务比率，也就不可能使超常增长持续下去。

第三，如果某一年的公式中的四个财务比率有一个或多个数值比上年下降，则实际销售增长就会低于本年的可持续增长率，本年的可持续增长率会低于上年的可持续增长率，这是超常增长之后的必然结果，公司对此事先要有所准备。如果不愿意接受这种现实，继续强冲刺，现金周转就会面临危机。

第四，如果公式中的四个财务比率已经达到公司的极限水平，单纯的销售增长有助于增加股东财富。销售净利率和资产周转率的乘积是资产净利率，它体现了企业运用资产获取收益的能力，决定于企业的综合效率。对于采用“薄利多销”还是“厚利少销”，则是经济政策选择的问题。收益留存率和权益乘数的高低是财务政策选择的负责人对收益和风险的权衡。因此，企业的综合效率和承担风险的能力，决定了企业的增长速度。

实际上，一个理智的企业在增长率问题上并没有很大的回旋余地，尤其是从长期来看更是如此。一些企业由于发展过快陷入危机甚至破产，另一些企业由于增长太慢遇到困难甚至被其他企业收购，这说明不当的增长率足以毁掉一家企业。

（四）营业收入增长要求下的融资规划

外部融资需求是在营业收入增长率已知的前提下，计算出在预测期内支持营业收入增长率所需的外部融资，进而在企业财务目标之下对外部融资来源进行规划。这是按照资产负债表从左至右的过程进行规划的。

如果继续提高财务杠杆，能够承受权益乘数，则借款资金来源可以满足营业收入增长带来的资金需求。但财务杠杆的高低是重要的财务政策，不可能随便提高，更不可能无限提高。如果借款无法满足资金需求，就要考虑发行新股、提高利润留存率、销售净利率、资产周转率等，来弥补资金缺口。如同财务杠杆一样，这些财务政策都不可能无限提高，否则会限制企业的增长率，这就说明企业的增长要考虑融资约束。

第二节　财务决策

一、财务决策概述

决策理论是把系统理论、运筹学、计算机科学等综合运用于管理决策中，形成的一个有关决策过程、准则、类型及方法的较完整的理论体系。

决策在我们当今社会中无处不在，大到国家，小到个人，都离不开决策。例如，日常生活决策、工作决策、企业经营决策、国家发展决策等，而财务决策对企业来说也是无处不在的。例如，财务管理中的订货决策、资本结构决策、产品定价决策、成本决策、投资决策、销售决策、最优生产量决策、采购决策、生产决策、赊销决策、目标销售量决策、新产品开发决策、风险投资决策、兼并收购决策、广告支出决策、品牌投资决策等。

决策理论广泛应用于管理、经济领域，于是就出现了管理决策、经济决策的相关概念。

（一）财务决策的概念

财务决策是对财务方案、财务政策进行选择和决定的过程。财务决策的目的在于确定最为令人满意的财务方案。只有确定了效果好并切实可行的方案，财务活动才能取得好的效益，才能完成企业价值最大化的财务管理目标。因此，财务决策是整个财务管理的核心。财务预测是财务决策的基础与前提，财务决策则是对财务预测结果的分析与选择。财务决策是一种多标准的综合决策，决定方案的取舍，既有货币化、可计量的经济标准，又有非货币化的非经济标准，因此决策方案往往是多种因素综合平衡的结果。

（二）财务决策的类型

财务决策按照能否程序化，可以分为程序化财务决策和非程序化财务决策。程序化财务决策指对不断重复出现的例行财务活动所做的决策，非程序化财务决策是指对不经常重复出现、具有独特性的非例行财务活动所做的决策。

财务决策按照决策所涉及的时间长短，可分为长期财务决策和短期财务决策。前者是指所涉及时间超过一年的财务决策，后者是指所涉及时间不超过一年的财务决策。

财务决策按照决策所处的条件，可分为确定型财务决策、风险型财务决策和非确定型财务决策。确定型财务决策是指对未来情况完全掌握、每种方案只有一种结果的事件的决策；风险型财务决策是指对未来情况不完全掌握，每种方案会出现几种结果，但可按概率确定的事件的决策；非确定型财务决策是指对未来情况完全不掌握，每种方案会出现几种结果，且其结果不能确定的事件的决策。

财务决策按照决策所涉及的内容又可以分为投资决策、筹资决策和股利分配决策。投资决策指资金对外投资和内部配置使用的决策；筹资决策指有关资金筹措的决策；股利分配决策指有关利润分配的决策。

财务决策还可以分为生产决策、市场营销决策等。生产决策是指在生产领域中，对生产什么、生产多少以及如何生产等几个方面的问题做出的决策。具体包括剩余生产能力如何运用、亏损产品如何处理、在产品是否进一步加工和生产批量的确定等。市场营销决策往往涉及两个方面的问题。一是销售价格的确定，即定价决策。它可以针对标准产品，需要从较长时期角度考虑成本补偿和目标利润实现问题，往往要根据完全成本法的单位产品成本来确定；也可以针对新产品，这往往涉及企业的竞争策略，而管理会计提供的决策支持信息也主要是新产品的生产成本；而短期财务决策中的定价决策涉及的主要是剩余生产能力情况下的特殊订货，需要通过成本、业务量和利润之间关系的分析来确定最低可以接受的价格。二是如何在销售价格和销售量之间取得平衡，以谋求利润最大化。它要利用经济学中关于供需变化规律的研究成果，通过对成本、业务量和利润之间的依存关系来分析确定最优的价格水平，为市场竞争中的价格竞争提供决策依据，充分利用有限的资源，谋求利润最大化。它涉及单一约束条件的品种规划和多因素约束条件下的品种规划两方面的决策。

（三）财务决策的目的

所有决策的目的都是使企业目标最优。例如，营利企业财务决策的目的是利润最大化，非营利慈善组织财务决策的目的是使某种非定量化目标最大化。对于财务决策来说，其影响是短期的，对于战略的因素考虑较少，而主要注重收益最大化，或在收入不变的情况下寻求成本最低。

二、财务决策的内容

（一）财务决策的程序

进行财务决策须经以下具体步骤。

1.诊断问题

在决策过程中，决策者必须知道哪里需要行动，因此决策过程的第一步是诊断问题或识别机会，而我们认为这也是决策中最关键的一步。诊断问题是决策的关键，必然有它的重要之处。当决策者面对问题需要做出决策时，必须认清问题所在，不能盲目诊断，否则结果也许会南辕北辙。这就像我们平时遇到问题一样，你要先诊断出这是个什么问题，导致问题出现的原因是什么，如何去解决这个问题。只有当你准确诊断之后，才能做出满意的决策。

任何企业都面临一个由小到大的问题。大了以后怎么发展？基本的路子有两条：一条是多元化，一条是专业化。这时候，决策者就要为企业的发展做出决策。因此，必须先要明确，是应该多元化发展还是专业化发展。

2.确定决策目标

确定决策目标是指确定决策所要解决的问题和达到的目的。目标的确定往往并非决策的基础与前提。在摸索选择中辨析自己的归宿与诉求；在具体的路径中揭示决策者的偏好与企图；在实际的行动中逐渐审视和明确自己的目标。这样做虽是迫不得已，却也合乎情理。这样确定目标的原因主要有：其一，决策者无法在事前明确地知晓或者清楚地描述决策的目标；其二，决策者目标的确立取决于所出现的备选方案与路径的特点及其可行性；其三，决策者面临多种相互冲突的目标，难以清楚的排序；其四，目标的明确通常是一个连续化的过程，需要在事中体会和修正以及在事后追认与确立。

3.制定备选方案

所谓“制定方案”，就是以企业所要解决的问题为目标，对收集到的情报和信息资料认真整理、分析和科学计算，并以此为依据制定出几个实现目标的方案，以供管理决策者选择。

拟订方案也是一项比较复杂、要求较高的重要工作，有时还须采用试验的方法，或者要采用数学的方法，进行可靠性和可行性的分析，提出几个方案的利与弊，然后才能作为备选。

目标确定之后，就要研究实现目标的途径和办法，制定出实现目标的方案。决策方案要立足于公众，搞好预测，坚持一般拟订方案的原则，重视方案的多样性。

4.筛选和确定最满意方案

决策过程的第四步是运用决策方法和根据决策标准对拟订的各备选方案进行分析论证，做出综合评价，确定所拟订的各种方案的价值或恰当性，选出其中最为满意的方案。

为此，管理者起码要具备评估每种方案的价值或相对优势和劣势的能力。在评估过程中，要使用预定的决策标准（如预期的质量）并仔细判断每种方案的预期成本、收益、不确定性和风险，最后对各种方案进行排序。例如，管理者会提出以下的问题：该方案有助于质量目标的实现吗？该方案的预期成本是多少？该方案有关的不确定性和风险有多大？在此基础上，管理者就可以做出最后的选择。尽管选择一个方案看起来很简单，只需要考虑每项可行方案并从中挑选一个能最好地解决问题的方案，但实际上做出选择是很困难的。由于最好的选择通常建立在仔细判断的基础上，所以管理者必须仔细考察所掌握的全部事实，并确信已获得足够的信息。

5.执行备选方案

选定方案之后，紧接着的步骤是执行方案。执行方案是进行具体的计划安排，组织实施，并对计划执行过程进行控制和收集执行结果的信息反馈，以便判断决策的正误，及时修改方案，确保决策目标的实现。管理者要明白，方案的有效执行需要足够数量和种类的资源做保障。如果组织内部恰好存在方案执行所需要的资源，那么管理者应设法将这些资源调动起来，并注意不同种类资源的互相搭配，以保证方案的顺利执行。如果组织内部缺乏相应的资源，那么管理者则应想办法找到所需要的资源。

相对于客户提案、可行性方案，执行方案把策划的重心放在了“如何高效实施”上。它既要避免内容过于理论性而不便于具体应用，又要避免形式平淡而无新意。更重要的是，它还将企业相应的考评制度、营销模式及管理章程融入其中，将方案的意义、执行的方法宣传贯彻给每个执行人，让其产生巨大的实践价值，最终完成策划的初衷，实现执行方案的终极目标。

6.执行后的效果评估

效果评估是对项目投资的不同方案预期成本和效果的比较，也可以是对几个条件相同、项目相同的终期既成的成本效果的比较。

效果评估的双重作用：一方面是对活动执行效果的评价，它将有利于我们总结经验教训，及时调整下一步的执行；另一方面也是对我们执行公司策划、执行能力的考量。

（二）财务决策方法

财务决策的方法分为定性决策方法和定量决策方法两类。定性财务决策是通过判断事物所特有的各种因素、属性进行决策的方法，它建立在经验判断、逻辑思维和逻辑推理之上，主要特点是依靠个人经验和综合分析对比进行决策。定性决策的方法有专家会议法、德尔菲法等。定量决策是通过分析事物各项因素、属性的数量关系进行决策的方法，主要特点是在决策的变量与目标之间建立数学模型，根据决策条件，通过比较计算出决策结果。定量财务决策的方法主要有：适用于确定型决策的量本利分析法、线性规划法、差量分析决策法、效用曲线法、马尔可夫法等；适用于非确定型决策的小中取大法、大中取大法、大中取小法、后悔值法等。

（三）财务决策依据

管理人员在做出决策前必须权衡比较各个备选方案。列出各个备选方案的正反效果（包括定量和定性因素），确定各个备选方案的净效益，然后比较各个备选方案的净效益，选择净效益最好的方案实施。就是在财务决策过程中，成本效益分析贯穿始终，成本效益分析的结果就成为选择决策方案的依据。效益最大或成本最低的备选方案就是管理人员应采取的方案。成本效益分析需要两方面的信息。

1.财务信息

所谓“财务信息”是指与特定决策相关的能够用货币计量的因素。如在零部件是自制还是外购的决策中，自制成本和外购的价格因其能用货币进行计量，就属于财务信息。管理会计关注的主要是定量化因素或能用货币计量之因素的成本效益分析。其基本规则是，在其他因素相同的情况下，用货币计量的效益最大或成本最低的方案就是最佳方案。在管理会计中，成本效益分析比日常生活中的决策更为系统化。系统化研究的好处之一，就是能够保证在成本效益分析时与决策有关的所有成本和效益因素都不会被遗漏。如被遗漏，就可能导致错误的决策。在进行成本效益分析时，最困难的是在所有的信息中识别出与被选方案有关的成本（相关成本）和效益因素。在成本效益分析中，成本效益分析的方法是简单的。首先，考察所取得的全部信息，并识别备选方案中与决策有关的成本和效益。其次用表式列出所有的成本及相关的效益。最后将效益减成本，两者之差就是某个或某系列备选方案的净效益或净成本。如何列示成本和效益因素没有固定的形式，但是在陈述相关信息时，必须保证这些信息容易理解，所有备选方案的最终比较结果是在一个相似的基础上得出的，这样有利于最佳方案的选择。

2.非财务信息

尽管管理会计主要关注的是决策方案的财务信息，但非财务信息（或称“定性因素”）对成本效益分析以及决策，其重要性绝不亚于定量因素或可用货币计量的因素。大多数备选方案中都隐含着非财务性因素。这些非财务性因素中包括决策中的人际因素，如雇员士气、公共关系、素质以及不能用货币确切计量的长远影响等。管理人员在做出具体决策前，必须充分考虑这些定性因素。

决策是面向未来的，而未来含有许多不确定性因素，因此良好的预测是决策的基础，是决策科学化的前提。没有准确科学的预测，就不可能做出符合客观实际的科学决策。同时，决策是规划的基础，没有具体的决策结论，就无法做出相应的计划和预算，也无法进行相应的控制和考核。

三、财务决策支持系统

（一）财务决策支持系统的概念

财务决策支持系统（Financial Decision Support System, FDSS）是以现代管理科学和信息技术为基础，以计算机为工具，运用数量经济学、模糊数学、控制论和模型技术，对财务管理中的结构化、半结构化和非结构化问题进行决策分析的人机交互系统。财务决策支持系统是个庞大的系统工程，需要财务学（会计学、财务管理、管理会计等）、计算机科学、统计学、数学、行为科学、心理学、人际关系学等其他学科的支持。这些学科知识构成财务决策支持系统的理论基础。整个财务决策过程与决策者的主观能动性、决策经验、知识、智慧和判断力是分不开的。以计算机为基础构建的财务决策支持系统能对财务决策者的决策起到辅助和支持作用，尤其可以增加财务决策的正确性。

（二）财务决策支持系统的分类

1.专用财务决策系统

专用财务决策系统（Specific FDSS）是直接面向应用的财务决策系统，它是由计算机和一组软件组成的综合财务系统，能够完成具体财务决策任务，允许财务决策者利用它去处理一组财务决策任务。

2.财务决策支持系统生成器

财务决策支持系统生成器（FDSS Generator）是间接面向应用以生成一个专用的财务

决策支持系统的软件包，具有较快建立一个面向特定应用的财务决策支持系统的能力。

3.财务决策支持系统工具

财务决策支持系统工具（FDSS Tools）是由一组工具类软件组成，可以用于开发特定财务决策支持系统，也可以用于开发财务决策支持系统生成器，工具可减少开发相应系统的工作量，简化开发过程和提高开发质量和效率。

（三）财务决策支持系统的功能

第一，财务决策支持系统能用来管理和提供本系统与财务决策问题有关的各种数据。尽可能地收集、存储和及时提供与财务决策有关的财务信息，及时提供有关各项财务活动的反馈信息，包括系统内和系统相关的信息，保证正确决策。

第二，FDSS能提供财务决策所能用到的数学、统计和运筹等方法，能对各种数据、模型、方法、知识等进行有效的管理。为使用者提供查找、变更、增加和删除等操作功能，使用户可以对系统提供的数据、模型和方法等进行有效而灵活的运用。

第三，运用自有的方法和模型等能对数据进行汇总、分析预测等，提供有效的财务决策支持信息，并具有人机对话接口和图形加工输出功能，支持分布式使用。

（四）财务决策支持系统的功能子系统

1.财务预测决策子系统

财务预测是根据会计核算信息、财务分析信息、ERP（企业资源计划的简称）信息以及有关市场信息，采用一定的模型对企业未来的财务活动和成果做出预计。该功能是财务决策的基础，通过预测的各种方案来选择最优方案进行决策。财务决策是根据企业经营决策（来自企业ERP）的总体要求，从预测的若干个可以选择的财务活动方案中，选择出最优方案的行为。财务管理的核心是财务决策。本功能的实现经历两大步：一是根据财务预测所提供的信息，确定决策的备选方案；二是对各种备选方案进行分析、评价、对比、选定最佳方案。本系统的财务预测决策子系统主要进行筹资预测决策、投资预测决策、资产预测决策、成本预测决策、收入和利润预测决策等。

2.财务计划与控制子系统

该系统的财务计划主要有固定资产需要量计划、流动资产需要量计划、资金来源计划、营业收入计划、利润计划、产品成本和期间费用计划等。各计划中的基础数据（上期财务实际数据和非财务资源数据）由会计管理系统中直接调用和MI–A/ERPS中间接调用；本期计划数据以财务决策指标为控制数据，各项明细计划指标根据有关标准测算产生。财务控制的方法，在实践中各企业因规模的大小、组织机构状况和业务的繁简等情况各异而有差别。在本系统中设计了预算与经济指标控制和模拟银行控制两种模式，供用户选用。预算与经济指标包括现金流量预算控制、流动资产及其来源、周转指标控制、收入和利润指标控制等。模拟银行控制包括现金流量预算、内部各单位存贷款的核算与控制、现金流量预算指标的考核等。

3.财务分析子系统

财务分析是评价、分析企业的财务状况和经营成果，找出企业经营中存在的问题，以期改进经营管理与财务决策，提高经济效益。财务分析主要根据会计管理信息、企业ERPS信息和财务计划指标，用一定的模型进行分析。该子系统的功能主要包括企业财务状况发展趋势分析、企业盈利能力分析、企业偿债能力分析、企业经营能力分析等综合分析，企业资金来源及其运用情况分析、成本费用分析、销售收入和利润分析等。

（五）财务决策支持系统的逻辑结构

1.财务决策支持系统的模型库管理系统

该系统的模型库存放财务预测决策、财务计划与控制、财务分析三方面的模型。这些模型按其性质可分为数学模型和模拟模型两大类。数学模型是运用一定的经济数学方法，对面临的客观环境比较明确、影响因素比较确定的财务问题，按其性质和规律直接构造的模型，主要用于结构化和半结构化问题的决策，如总资产报酬模型、销售利润模型、负债模型、存货模型、股权模型等。模拟模型则是对于系统特性和模型结构比较清楚，但影响因素和环境条件却不确定，数据描述或求解比较困难的财务活动而建立起来的模型，这种模型能解决半结构化或非结构化的问题。考虑到财务决策环境经常变化，相应的模型应设计成能做一定的修改和评价，使决策者能充分地认识问题，发挥其创建力和判析才能，从而做出正确的决策。

2.财务决策支持系统的数据库管理系统

一是分析数据来源。首先要清楚地了解FDSS的工作过程。全面分析与其相关的各个系统及原始数据，确定从哪些系统中提取数据。数据库的数据来源于企业内外的多个不同系统，各系统的数据之间存在着许多差异，如结构、单位不一致，同名异义或同义异名等。因此，在将数据放入数据库之前，必须进行清理。

二是设计数据库的数据模型，对数据进行转化与综合。数据模型是面向主题建立的，同时又为多个面向应用数据源的集成提供了统一的标准。数据模型一般包括FDSS的各个主题域、各主题域之间的联系、编码及属性值、命名规则等。根据数据模型，确定如何对源数据进行析取、合并、汇总、变换、清除等处理，然后传送到数据库。

三是选择硬件设备和数据库管理软件，建造数据库本身。由于数据库的数据来源复杂、数据量非常大，因此对硬件的速度、存储容量、可靠性和容错能力有更高的要求。数据库的软件是由许多部分组成的，包括数据的提取、清理和转换。数据库可通过网络的传递、数据装入、数据库管理系统、数据分析工具、数据的维护、数据库的管理等实现。其中有些可以选择商品软件，有些则要自行开发，将各部分完美地集成起来并不容易。绝大多数数据库要与各种平台链接，因此要构成开放式的平台体系结构，具有良好的可伸缩性，以满足用户对信息不断增长的需求。数据库管理系统是数据库软件的重要组成部分。

四是建立数据存取工具。数据的存入是指从外部数据源将数据装入数据库。存入方式取决于数据的更新方式。数据库的最终用户使用这些应用软件，并生成特定的查询，在这里提取信息、分析问题、实施决策。这部分的工具软件，主要是查询生成工具、多维分析工具和数据提取工具等。设计这部分时需要更多地考虑最终用户的需求，易于使用是一个十分关键的因素。

3.财务决策支持系统的知识库管理及推理机制

决策支持系统应该具有一定的智能，FDSS解决问题的能力在很大程度上还依赖于知识库拥有知识的多少。知识越丰富，解决问题和决策支持的能力就越强。为使本系统尽可能覆盖企业财务决策中可能碰到的问题，通过收集、整理财务专家们对财务预测、决策、计划、控制、分析的研究成果和实际经验，并在此基础上加以总结和提高，构成系统的知识库。

4.财务决策支持系统的人机交互系统

一是输出格式形成器。用来建立一个数据结构，该结构包含描述输出表达式的值和属性，且数值和属性对设备是独立的，因此使得对话部分能支持多种硬件。

二是输出构成器。取得由输出格式形成器建立的数据结构，并发出命令给设备输出功能，通过子程序调用来实现。即输出构成器转译对话数据结构命令，以产生一个或几个设备上显示的输出表达形式。它是独立的设备，所产生的用于设备输出功能的命令不为任何设备所专有。

三是设备输出功能。能产生设备特有的命令来对一个或更多的专用设备进行输出。

四是设备驱动器。它是用户与对话系统的接口，在用户与系统之间传递命令。当输出信息是一个中断信息而不是产生表达方式的命令时，设备驱动器对它们进行缓冲。

五是设备输入功能。它的功能与设备输出功能相反。

六是输入格式形成器。将用户的输入命令转换成一组动作和动作所对应的目标。

七是响应构成器。利用一组动作及其目标，将产生命令和数据发送给系统的其他部分，如响应构成器可能调用数据库中的某些数据来进行更新。

八是数据结构管理器。存储输入和输出的数据，即存取对话部分所用的数据，如描述输出表达或形成的数据结构。

第三节　财务控制

一、财务控制的基本内容

（一）财务控制的含义

财务控制是指企业财务管理主体根据国家的财务法规、政策以及相关财务制度、财务预算和财务计划指标等，通过财务手段指导、衡量、约束和影响组织财务活动的各个环节、各个方面，规范企业及其内设机构与员工的行为，确保预期财务目标得以实现的一项管理活动。认识和理解财务控制的含义，对我们做好企业的财务控制工作极为重要。

其一，企业财务控制的主体首先是企业经营者（或公司董事会）。企业代理理论认为，代理关系存在于企业内部的每个管理层上。在现代企业制度下，法人治理结构架构一个重要的特点，是董事会对经营者财务约束和控制的强化。根据我国《公司法》有关规定，董事会由创立大会或股东大会选举产生。从董事会的职权来看，我们很容易得出这样的结论：公司治理结构以董事会为中心而构建，董事会对外代表公司进行各种主要活动，对内管理公司的财务和经营，只有董事会才能全方位负责财务决策与控制，从本质上决定公司的财务状况。从机制的角度分析，财务控制首先绝不只是财务部门的事情，也不只是企业经营者的职责，而是出资人对企业财务进行的综合的、全面的管理。一个健全的企业财务控制体系，实际上是完善的法人治理结构的体现。反过来，财务控制的创新和深化也将促进现代企业制度的建立和公司治理结构的完善。

其二，财务控制的目标是企业财务价值最大化，是代理成本与财务收益的均衡，是企业现实的低成本和未来高收益的统一，而不仅仅是传统控制财务活动的现实合规性、有效性。财务控制的首要目标是董事会出于降低代理成本——指因经营者、雇员等代理人偷懒、不负责任、偏离股东目标和以种种手段从公司获取财富等发生的成本，这种成本最终由股东承担。代理成本的存在会影响公司经营效益，甚至可能威胁公司的生存。其次，财务控制目标促进企业战略目标的实现，所以财务控制过程必须是围绕着企业战略的制定、实施、控制而采取一系列措施的全过程。最后，财务控制致力将企业资源加以整合优化，使资源消费最少、资源利用效率最高、企业价值最大。

其三，财务控制的客体首先是人，包括经营者、财务经理等管理者和员工，以及由此形成的内、外部财务关系，其次才应该是各种不同的企业财务资源（包括资金、技术、人力、信息等）或现金流转过程。

其四，财务控制的实现方式应该是一系列激励措施与约束手段的统一。为了降低代理成本，实现财务目标，必须设计一套完善的激励和约束机制。在这个机制中，内部机制的因素或手段包括：解雇或替换表现不佳的经营者；通过董事会下设的各类委员会完善公司董事会对经营者的监控职能；清晰界定股东大会、董事会、经理之间的决策权、控制权的界限；推行经营者、员工的报酬与经营业绩挂钩的“激励制度”，包括年薪制、利润分享制、认股权计划等；实行预算管理；通过组织机构的设计与重整，完善内部组织控制和责任控制、业绩评价制度。外部机制的因素或手段包括：经理人和劳动力市场的调节，一名理性的经营者、员工在人才市场的影响下，可能不会过度违背公司股东的利益；控制权市场上潜在购并者的威胁；政府的法律；资本市场上的监管者，如政府、中介机构、专业证券分析师等。

就企业而言，财务控制的主体是企业经营者（同时也是所有者）和各级财务部门（或财务人员），财务控制的客体（对象）是企业的各项财务活动，财务控制的目标是企业预期的财务预算目标（或财务预算）。

（二）财务控制的构成要素

1.控制环境

控制环境是指对建立、加强或削弱特定政策、程序及其效率产生影响的各种因素。控制环境是企业财务控制体系的核心和基础。人的活动在环境中进行，人的品性包括操守、价值观和能力等，它们既是构成环境的要素，又与环境相互影响、相互作用。环境要素是推动企业发展的引擎，也是其他一切要素的核心。财务控制环境不但直接影响财务控制的建立，还直接决定财务控制实施的效果以及财务控制目标的实现。影响财务控制的环境因素表现在：企业领导层的合理配置和经营理念、企业组织结构与权责分配、企业员工职业素质和品行以及管理模式等。

2.风险评估

企业必须制定目标，该目标必须和销售、生产、财务等作业相结合。为此，企业也必须设立可发现和辨认、分析和管理相关风险的机制，以随时了解自身面临的风险，并适时加以处理。企业应特别加强对环境改变时的事务管理，因为控制和风险是紧密相连的，一旦企业内、外部环境发生明显变化，就最容易产生风险。每个组织所面临的风险都是与其特定的存在环境相联系的，必须根据实际情况同时从企业整体与个别作业层次进行有效的甄别和评估内部和外部风险，控制活动才能有的放矢。现代企业的风险主要来源于：①经济环境的变化。②聘用新员工。③采用新的或改良信息系统。④迅猛的发展速度。⑤新技术的应用。⑥新的行业、产品或经营活动的开发。⑦企业改组。⑧海外经营。⑨新会计方法的采用等。

3.控制活动

企业必须制定控制的政策及程序，并予以执行，以帮助管理阶层保证其控制目标的实现。公司的政策和程序具体包括：为员工建立的行为准则、内部控制标准、财务管理和标准作业程序（为贯彻财务控制标准而建立的具体指导和操作程序）等。

控制活动是确保管理阶层指令得以执行的政策及程序，比如核准、授权、验证、调节，复核评价业绩，保障资产安全及职务分工等主要的控制活动，包括：

第一，业绩评价即管理层记录经营活动的结果，然后与预算、预测、前期及竞争者的绩效相比较，以衡量目标达到的程度和监督计划的执行情况。

第二，信息处理、控制。对信息系统的控制活动可以分为两类：一类是一般控制，自助管理层确保系统能够持续、适当地运转，如资料中心运作的控制；另一类是应用控制，包括应用软件中的电算化步骤及相关的人工程序，如输入控制。

第三，实物控制。要保护设备、存货、证券、现金和其他资产的实体安全，定期盘点并与控制记录显示的金额相比较。

第四，职务分离，即先将责任划分，然后将不相容职务分派给不同员工，以降低错误或不当行为的风险。

4.信息和沟通

围绕在控制活动周围的信息与沟通系统，使企业内部员工能及时取得他们在执行、管理和控制企业经营过程中所需的信息，并交换这些信息。一个良好的信息系统应该能够确保企业中每个人都清楚地知道其所承担的待定职务和责任，如业务部门对实现控制目标、落实政策、确保控制实施负主要责任；财务部门负责辅助完成公司的目标和检查财务程序的履行。

5.监督

必须对整个财务控制的过程施以恰当的监督，通过监督活动在必要时对财务控制过程加以修正。监督主要包括：

第一，职业道德的约束，公司成立由董事长、财务总监、首席法律顾问等组成的“职业道德监督委员会”，负责调查违反行为准则的人员；

第二，通过外部审计，检查和确认财务报告的合法性、公允性和一贯性；

第三，通过内部审计，对内部各部门的财务、管理、效益进行审计；

第四，加强集团对分部的监控和对分部财务状况的监控。

（三）财务控制与财务预算

财务控制与财务预算作为企业财务循环体系的两个方面，二者既存在联系，又有区别。它们是相互依存、相互配合的关系。

1.联系

（1）目的相同

编制预算的目的是加强对企业各项经济活动的控制，而预算的目标就是控制的标准。预算一经制定，就要组织实施，而控制就是实施的具体过程。

（2）目标一致

财务控制需要具体的财务目标，而财务预算是财务目标的具体化，二者都是出于控制经济活动的目的。预算目标不仅能够帮助企业员工更好地明确自己的目标，而且能够使员工清楚地了解自己部门的任务，从而保证企业未来一定期间的生产经营活动不致脱离决策、计划所确立的正常轨道，进而保证企业总体目标的实现。

2.区别

（1）性质不同

预算体现在目标上，只是控制的工具；而控制是一种管理活动，表现为一个完整的活动过程，财务预算的执行要依靠财务控制。

（2）各自的职能、地位不一样

预算的职能在于协调，而控制的职能是为了制衡（包括监督和调节）；预算只是一个目标，是财务控制的主要依据。

二、财务控制的体系

财务控制组织系统主要解决控制和被控制问题，即财务控制主体和被控制对象的问题。从控制主体层面看，企业的所有者（或公司董事会）应该围绕财务控制工作建立和提供有效的组织保证。比如围绕财务预算的制定建立相应的预算决策和预算编制机构；围绕日常财务控制的组织实施，建立相应的监督、协调和仲裁机构；基于内部结算考量建立相应的内部结算组织；基于预算执行结果的考评，建立相应的考评机构等。就控制对象（企业的各项财务活动）而言，应该本着有利于将财务预算分解落实到企业内部各部门、各层次和各岗位的原则，建立各种执行预算的责任中心，使各个责任中心对于分解的各项预算指标能够在可控的状况下承担并完成责任。

制度系统包括企业组织机构的设计和企业内部所采取的各种相互协调的方法和措施。这些方法和措施，主要作用是为了保护企业财产安全、检查企业财务信息和会计信息的准确性和可靠性，以进一步提高经营效率，确保既定管理方针的实施。此外，围绕财务预算执行而建立的诸如人事制度、奖惩制度等相关保证措施或制度，也应该包括在制度系统的范畴之中。

三、内部控制的原则

内部控制原则是指对建立和设计内部控制制度具有指导性的法规和标准。内部控制原则是解决控制目标应当如何科学地建立和内部控制制度如何设计的问题。具体而言，内部控制的原则体现为以下内容。

（一）合法性原则

合法性原则是指内部控制制度必须符合有关法律法规的规定，体现法律法规和政策的要求，以保证控制系统的权威性。坚持合法性原则是建立内部控制系统的前提条件。

（二）全面性原则

全面性原则是指在符合企业内部控制系统要素要求的前提下，业务流程的设计必须能够覆盖企业业务活动的全貌和企业经营管理的各个环节，并将业务流程中关键控制点落实到政策、执行、监督等各个环节，不得留有制度上的空白或遗漏。

（三）岗位分离原则

岗位分离原则是指在企业会计业务流程中把不相容职务进行岗位分设，以避免相关部门和岗位之间产生串通舞弊、谋取私利的风险。

（四）有效性原则

有效性原则是指在内部控制制度的构建过程中，应注意体系的严密性、协调性、适度性和简便性，力求能有效防止错误和弊端的发生，产生效率和效益。设计财务控制制度时，要考虑到国家的需要，同时要根据企业的内外环境与经营特点，因地制宜地进行设计。既要注意制度的健全、手续的完备，又要抓住控制的重点，注意程序的简化，千万不能生搬硬套、盲目采用。

（五）协调性原则

协调性原则是在业务流程的设计中，各部门或人员必须相互配合，各岗位和环节都应协调同步，从而保证业务程序和手续能够紧密衔接，保持业务活动的连续性和有效性。

（六）相互牵制原则

相互牵制原则是指一项完整的业务活动，必须经过具有相互制约关系的两个或两个以上的岗位，在横向关系中，至少要有彼此独立的两个部门或人员办理；在纵向关系上，至少要经过互不隶属的两个岗位和环节，以使下级受上级的监督，上级受下级的牵制。

（七）实时性原则

实时性原则是指内部控制系统的制定应当具有前瞻性，并与企业的外部环境和内部管理的需求相适应，应随着企业经营战略、经营方针以及内部管理需求等内部环境的变化和国家相关法律、法规及政策制度等外部环境的改变进行适时的调整。

（八）经济性原则

经济性原则是指业务流程的设计应以企业治理结构的要求、业务特点、部门设置以及企业规模的特点为依据，正确处理成本和效益的关系，实现运行成本最低、效益最大的目标。这就要求我们在保证控制有效性的前提下，着重抓好关键控制点的工作。

（九）成本与效益兼顾原则

企业在建立和设计自身的财务控制制度时，应根据自身规模大小及具体经营管理情况，合理地控制设计成本与执行成本，以达到最佳的控制效果。这是任何企业从事经济活动时都必须遵循的一项基本原则。

（十）不相容职务分离原则

合理设置岗位，对职责权限的划分做到不相容职务相互分离，起到相互制约的作用。同时，采取业务分割方式，把企业每笔经济业务发生的全过程，特别是一些关键环节，分别交由不同的部门和人员去处理。不相容职务分离原则，能够使经济业务合理合法地完成，同时有效防止不法行为的发生。此外，还应适时进行职务轮换，防止串通舞弊等。

四、财务控制的方法

（一）制度控制法

制度控制法是指依据国家有关法律、法令和相关条例以及企业自行制定的管理制度、规定和相关管理办法等进行的控制，如财产物资盘存制度、现金收支管理制度、预算控制制度、投资管理制度、筹资管理制度、成本管理制度、薪酬制度以及岗位责任制等。制度控制通常具有规范性、超前性、防护性等特点。

（二）定额控制法

定额控制法是指以事先确定的定额作为控制标准，对企业经济活动或资金运动所进行的控制。从性质看，定额是对财务各方面工作提出一个定量或定时的基本要求，通过各种定额的确定，组成一个科学、有效的定额管理体系。一般而言，企业对于定额内的各项经济业务，应该积极支持，及时满足资金需求；对于超定额部分则需要严加控制，视实际情况再进行处理。

（三）授权控制法

授权控制法又称授权与批准控制法，即单位内部部门或职员处理经济业务时，必须通过授权通知书来明确授权事项和使用资金的限额。其原则是对在授权范围内的行为给予充分的信任，但对授权之外的行为不予认可，以切实保证既定管理方针的执行。授权批准控制包括一般授权与特定授权两种形式。授权通知书除授权人持有外，还下达给企业相关的部门，这些部门一律按授权范围严格执行。有效的内部财务控制要求每项经济业务活动都须经过适当的授权批准，以防止内部员工随意处理、盗窃财产物资或不如实记录。

（四）责任控制法

责任控制法是以明确经济责任、检查和考核部门或个人责任履行情况为重要内容的一种财务控制方法。其中，部门责任制，是按照企业各部门承担的职能来明确以及考核相关责任的制度；岗位责任制，则是按照事前确定的岗位职责来明确和考核责任的制度。实行责任控制法，实现责任和权利、工作任务和工作方法以及横向工作和纵向工作的“三个结合”，有利于明确职权范围和工作责任，实现企业的整体目标。

（五）预算控制法

预算控制法是指对单位各项经济业务编制详细的预算或计划，并通过授权，由有关部门对预算或计划执行情况进行控制。具体要求包括：

第一，编定的预算应当体现单位经营目标，并明确责权；

第二，定期、及时反馈预算执行信息；

第三，预算执行中应允许经授权批准对预算调整，以切合单位实际。

这种全方位、全过程、全员的预算控制法的实施，强化了预算的财务功能，使企业的财务目标和决策得以细化落实。实际上，预算是在年度经济业务开始之前根据预期的结果对全年经济业务的授权批准控制。

（六）利益控制法

就企业而言，参与企业财务活动的各个行为主体，基本目的都是追求自身的经济利益。如果各个行为主体之间利益界限清楚，并且各自行为结果与其利益直接相关时，外来的利益调控措施就能发挥作用。利益控制法就是要充分发挥利益的调控作用，尽可能地使各行为主体的财务活动符合调控主体的计划和目标。

（七）实物保全控制

内部控制各种方式都具有保护资产安全的作用，这里所述的实物保全控制是指对实物资产的直接保护，主要内容有以下几四方面。

第一，限制接近。限制接近现金；限制接近其他易变现资产；限制接近存货。

第二，定期盘点。定期与会计记录核对，进行差异调整与协调。

第三，记录保护。严格限制接近会计记录的人员；会计记录应该妥善保存；重要资料应留有备份，以便在遭到意外时能够重新恢复。

第四，财产保险。通过投保增加实物资产受损后补偿的机会，保护企业实物安全。

第五，财产记录监督。建立资产个体档案，对资产的增减变动做记录。同时加强对财产的所有权凭证的登记与管理。

（八）职工素质控制

内部控制成效的关键在于职工素质的高低。职工素质控制的目的在于保证职工忠诚、正直、勤奋、有效的工作，从而保证其他内部控制有效实施。职工素质控制包括：建立严格的招聘程序，保证应聘人员符合招聘要求；制定职工工作规范，用以引导考核职工行为；定期对职工进行培训，帮助其提高业务素质，更好地完成规定的任务；加强考核和奖惩力度，应定期对职工业绩进行考核，奖惩分明；对重要岗位职工（如销售、采购、出纳）应建立职业信用保险机制，如签订信用承诺书，保荐推荐或办理商业信用保险；工作岗位轮换，可以定期或不定期地进行工作岗位轮换，通过轮换及时发现存在的错弊情况，甚至可抑制不法分子的不良动机。

（九）风险防范控制

企业在市场经济环境中，不可避免地会遇到各种风险，为防范风险，企业应建立评估机制。企业常用的风险评估内容包括筹资风险评估、投资风险评估、信用风险评估、合同风险评估。风险防范控制是企业一项基础性和经常性工作，企业必要时可设置风险评估部门或岗位，专门负责有关风险的识别、规避和控制。

（十）内部报告控制

内部报告控制要求企业建立和完善内部报告制度，明确相关信息的收集、分析、报告和处理程序，及时提供业务活动中的重要信息，全面反映经济活动情况，增强内部管理的时效性和针对性。常用的内部报告有资金分析报告、经营分析表、费用分析表、资产分析表、投资分析报告、财务分析报告等。

五、企业加强财务控制的对策与途径

企业应根据自身实际，建立有效的财务控制体系，加强财务控制。具体对策如下。

（一）创新财务管理理念

企业普遍对财务管理作用认识不清，有的认为财务管理就是记账、算账、报账，无视财务信息的作用，不重视财务人员的职能发挥，更不能认识财务控制的核心作用。往往融资时不考虑资本结构，不权衡资本成本；投资时不分析现金流量，只注重短期效应，不为长期发展打算。要加强财务控制，关键在于创新观念。一要确立财务管理核心的理念，重视财务管理。在市场经济条件下，企业经营环境复杂多变，风险越来越大，要确保利润最大化，就必须确立财务管理的核心地位，发挥财务管理在预测、决策、计划、考核，特别是控制等方面的作用。二要确立财务控制核心的理念，强化财务控制。强化财务控制理念，使加强财务控制建设成为企业领导人的自觉行动，就能控制资金、成本、利润，也就抓住了企业生产经营的各个方面。三要树立科学财务管理观念，重视对财务信息的研究分析，防止盲目决策、盲目投资。四要强化企业的社会责任感和风险防范意识，逐步实现财务控制观念由内部牵制、单一会计控制向全面、全员、全程的风险控制转变。

（二）完善控制机制

完善控制机制是指建立健全内部控制机制，逐步完善财务控制体系，为财务控制提供制度保证。建立科学、完善、适合企业的财务管理制度，如预算控制制度、投资管理制度、筹资管理制度、成本管理制度、薪酬制度等。加强对资金、存货、各项债权债务的管理，有计划、有目的地使用资金，提高资金使用效率；建立严格的采购供应制度，减少库存物资的积压和浪费；加强对应收账款及其他各项债权债务的管理，防止坏账、呆账的发生等。建立严密有效的财务控制制度，加强内部控制。一要建立会计系统控制制度，如企业核算规程、会计工作规程、会计人员岗位责任制、财务会计部门职责、会计档案管理制度等。良好的会计系统控制制度是企业财务控制得以顺利进行的有力保障。要依据国家统一的财务法规和制度，制定适合本单位的会计制度，以规范工作流程，明确岗位责任，充分发挥会计的监督职能。二要建立授权批准控制制度，如以制度的形式明确规定涉及财务及相关工作的授权批准的范围、权限、程序、责任等内容，要求单位内部各管理层必须在授权范围内行使职权和承担责任，经办人员必须在授权范围内办理业务。三要建立不相容职务分离制度。企业不相容职务主要包括授权批准、业务经办、会计记录、财产保管、稽核检查等。企业要按照不相容职务相分离的原则，合理设置财务会计及相关工作岗位，明确职责权限，形成相互制衡机制。

（三）优化控制环境

优化控制环境主要从以下三方面入手：一要建设良好的企业文化。企业文化是一种无形动力，它影响着企业员工的思维、理念和行为方式。良好的企业文化可以促进企业的发展，激发企业员工不断进取，反之可能使企业陷入困境，弱化员工的凝聚力和进取心。家族企业文化的“家族情结”使企业管理不到位，难以发挥企业员工的积极性，即使监督完善也难以控制员工的“逆向选择”行为。因此，建立现代企业文化，形成有效的利益共同体，让员工对企业有归属感，才能真正实现有效的控制。二要建立科学的企业经营理念。企业经营理念是指在经营活动中企业领导层与员工之间培养或形成一体的意念，实际上是企业文化的浓缩，是企业领导人事业宗旨的体现，是企业形象的基本要素，是企业的经营哲学和企业精神的结合体。科学的企业经营理念的建立，既有利于企业的长远经营和发展战略目标的确定，又有利于凝聚企业员工的精神力量，还有利于规范员工的企业行为和社会行为。三要增强员工对财务控制制度的认识，提高员工素质。注意在日常管理中加强对员工的宣传教育，使管理人员和员工充分认识内部控制的重要性；建立激励机制，采用科学、合理、适用的人员管理制度和控制措施；加强日常工作考核，促使员工按制度完成本职工作。

在企业内部控制系统运行过程中，企业管理者所起的作用举足轻重，其素质直接影响到企业的行为，进而影响到企业内部控制的效率和效果。要建立完善的内部控制系统并使之真正发挥应有的作用，必须提高企业管理人员特别是主要决策人的综合素质。为此，不仅要重视约束、监督与激励相结合的外部机制建设，建立约束激励的控制方式，而且要从法律法规或制度层面提出内部控制工作要求，并制定相应的惩罚性措施。

（四）规范控制成本

成本分资本成本和产品成本两类。资本成本是指企业为取得和使用资本而付出的代价，是资本预算决策以及进行重要财务决策、制定有关资本管理政策、评价企业经营业绩的重要依据，在财务管理中处于至关重要的地位。控制资本成本主要从选择合适的融资渠道和建立合理的资金结构入手。产品成本是反映产品从研究、设计开发到制造、销售等各个环节发生的各项资金耗费。由于成本直接关系到企业的财务效益，必须特别重视对生产经营过程中成本费用的控制。比如严格控制业务招待费；业务招待费开支办法和标准应报监管机构备案；员工的工资必须经过董事会的审批；固定资产应严格备案；对确须转入递延资产的有关费用支出，必须将新增项目的名称、金额、摊销计划报监管机构同意等。

（五）重视预算控制

预算控制是以全面预算为手段，对企业财务收支和现金流量所进行的控制。预算控制主要包括以下几个环节：建立预算体系；编制和审定预算；下达预算指标；授权预算执行；监督预算执行；分析预算差异；考核预算业绩等。具体包括以下几点。

1.科学编制部门预算

要以企业发展战略为导向，通过预算对战略执行的财务结果实施控制。在编制部门预算时，按照统筹兼顾、标准统一、公开公平的原则，对人员经费和公用经费按规定标准和定额细化到项。对专项经费根据单位工作开展和事业发展需求、按财力大小和轻重缓急的次序安排。通过交互式的有效沟通和预算管理的预测、协调及控制作用，使企业的预算目标更明确，并能以更高的效率、更优的发展质量、更有效的资源配置来实现企业的战略发展目标。

2.提高预算的控制力和约束力

预算管理要求一切经济活动都围绕企业目标的实现而展开，在预算执行过程中落实经营策略、强化企业管理，严格执行预算，增强预算的严肃性。必须围绕实现企业预算落实管理制度，提高预算的控制力和约束力。预算一经确定，企业各单位各部门在生产经营及相关各项活动中，都要严格执行，要切实围绕预算开展经济活动。

3.建立预算管理的监督机制

建立包括内部审计、预算管理委员会和责任预算实施主体在内的监督机制，并定期或不定期地对这种机制的有效性进行评估并不断加以改进，确保预算执行到位。

4.建立合理的预算考评奖惩体系

考核与奖惩是预算管理的生命线。作为一种价值化的目标体系，在期末时，应对预算执行和完成情况通过合理的程序进行考评，奖优罚劣，体现客观公正，发挥预算的激励和约束作用。

5.建立完善的财务信息系统

预算控制系统的建立不仅要在制度上对流程和控制环节加以规定，还要求在实际工作中建立有效的以计算机网络为基础的信息系统，从而充分利用数据库和管理系统的支持，提高信息传递和分析效率。

（六）加强风险控制

风险是指某一行动的结果具有不确定性，一般分为市场风险、经营风险和财务风险。市场风险属于系统风险，不能通过多元化投资来分散，企业风险防范的重点是生产经营过程中产生的经营风险和因为举债产生的财务风险。企业先天的缺陷，导致其抗风险能力较差。必须牢牢树立风险意识，对市场和形势谨慎估计，并随着国内外经济环境和形势的变化不断转换经营方式、理念。作为抗风险较弱的企业，在做任何投资之前，都应把风险因素放在第一位，并考虑一旦出现风险企业的承受能力有多强。

一般而言，风险控制策略包括规避策略、减少策略、转移策略和接受策略，前三种属于主动应对策略，后一种属于被动策略。企业必须采取主动的风险控制策略，才能立于不败之地。

第一，注重市场调研，规避和防范经营风险。要经常进行市场调查，及时了解企业产品或服务的市场价格及变化情况、市场容量及波动情况、竞争对手或潜在竞争对手情况等，掌握市场第一手资料，特别要着眼于市场的未来需求。当资产风险所造成的损失不能由该资产可能取得的收益抵消时，就应“壮士断腕”，果断放弃，如拒绝与失信厂商进行业务往来，放弃可能明显导致亏损的投资项目等。

第二，重视财务决策，尽量减少风险。比如通过在财务决策以前进行及时、准确的预测，及时获取政府政策信息以及科学决策，一方面控制风险因素，减少风险发生的概率；另一方面尽可能降低风险的损害程度。

第三，厘清专业化生产与多元化经营的关系，分散和化解经营风险。经营风险大都由内部因素造成。要在利用企业已有优势坚持专业化经营、牢固占领主营业务市场、强化企业核心竞争力的基础上，合理配置和利用现有资源，积极研发具有自主知识产权的核心技术与核心产品，不断提高企业技术创新能力，走多元化发展之路。

第四，企业有针对性地建立起财务风险分析、财务风险处理、财务风险责任三大财务风险管理机制，将企业风险牢牢控制在一定水平内。比如在保证合理的资金结构、维持适当的负债水平的前提下，既要利用举债手段获取财务杠杆收益，提高自有资金盈利能力，又要注意防止过度举债引起财务风险，避免企业陷入财务困境。

第五，建立企业的财务预警系统，充分发挥预警作用，实现风险的监测、诊断、治疗，进而达到“强身健体”的效果。通过建立和完善风险识别、风险预警、风险评估和风险报告机制，构建灵敏的风险预警系统，完善企业财务管理信息系统，对企业进行全面的风险防范与控制，将风险可能带来的负面效应降到最低。

第四节　财务分析

一、财务分析的概念及意义

（一）财务分析的概念

财务分析是指利用会计报表及其他有关资料，运用科学方法对企业财务状况和经营成果进行比较、评价，满足企业经营管理者、投资者、债权人及政府有关部门掌握企业财务活动情况和进行经营决策的一种方法。会计报表是对企业前一个会计期间经营状况的总结，是一份提供企业过去经济财务信息的文件。会计报表使用者为了取得其在经济决策中有用的信息，就必须对会计报表披露的信息进行分析、比较、评价，从而进行有效的决策。

（二）财务分析的意义

财务分析以企业财务报告反映的财务指标为主要依据，对企业的财务状况和经营成果进行评价和剖析，以反映企业在运营过程中的利弊得失、财务状况及发展趋势，为改进企业财务管理工作和优化经营决策提供重要的财务信息。财务分析是一项科学的、复杂细致的管理工作，它是对企业一定期间的财务活动的总结，为企业下一步的财务预测和财务决策提供依据。开展财务分析具有以下一些重要的意义。

1.有利于企业经营管理者进行经营决策和改善经营管理

社会主义市场经济为企业之间的平等竞争创造了有利条件，也给企业的生产经营带来了风险。复杂的经营环境要求企业的经营管理者不仅要广泛、准确地了解社会信息，而且要全面、客观地掌握本企业的具体情况。只有这样，企业的经营管理者才能运筹帷幄，无往而不胜。评价企业财务状况、经营成果及其变动趋势，揭示企业内部各项工作出现的差异及其产生的原因，是帮助企业经营管理者掌握本企业实际情况的重要方法，它对于开展企业经营决策和改善企业经营管理具有重要意义。

2.有利于投资者做出投资决策和债权人制定信用政策

企业的财务状况和经营成果的好坏，不仅是企业经营管理者需要掌握的，而且也是企业的投资者、债权人十分关心的，它直接关系到投资者和债权人的利益。投资者为了提高投资收益，减少投资风险，就需要正确进行投资决策；债权人为了及时收回贷款或收取应收账款，减少呆账或坏账损失，就需要制定正确的信用政策。因此，投资者、债权人对有关企业的盈利能力、偿债能力、营运能力及其发展趋势必须深入了解。这就要求对企业的财务报告进行深入的考察和分析，以利于选择最佳投资目标或制定最佳信用政策。

3.有利于国家财税机关等政府部门加强税收征管工作和进行宏观调控

国家财政收入主要来自企业上缴的税收。为了保证国家财政收入，国家财税机关必须改善和加强对税收的征收管理工作，一方面要促进企业改进生产经营管理，增加企业收益；另一方面要监督企业遵纪守法，保证税收及时、足额纳入国库。另外，为了保证社会主义市场经济的稳定发展，国家财税机关等政府部门必须制定宏观调控措施，规范企业的生产经营行为。无论是加强税收的征收管理，还是制定宏观调控措施，都有必要进行财务分析，全面、深入地掌握企业的财务状况、经营成果及其变动趋势。

（三）财务分析的内容

财务分析的依据，主要是企业编制的会计报表。由于企业会计报表的使用者进行财务分析的目的各不相同，其分析内容应由分析的目的所决定。

1.投资人分析的内容

所有者或股东作为投资人，其分析的目的是决定是否进行投资，其分析内容是企业的资产和盈利能力；如果目的是决定是否转让股份，其分析内容是盈利状况、股价变动和发展前景；如果目的是考察经营者业绩，其分析内容是资产盈利水平、破产风险和竞争能力；如果目的是决定股利分配政策，其分析内容是筹资状况。

2.债权人分析的内容

债权人因为不能参与企业剩余收益的分配，决定了债权人必须首先对其贷款的安全性予以关注。债权人分析的目的如果是决定是否给企业贷款，其分析内容是贷款的报酬和风险；如果目的是了解债务人的短期偿债能力，其分析内容是流动资金状况；如果目的是了解债务人的长期偿债能力，其分析内容是盈利状况；如果目的是决定是否出让债权，其分析内容是评价其价值。

3.经理人员分析的内容

为了改善财务决策满足不同利益主体的需要，协调各方面的利益关系，企业经营者必须对企业经营管理的各个方面，即外部使用财务报表的人所关心的所有问题进行分析。

（1）供应商分析的内容

供应商对财务报表的分析，意在决定是否与购货方长期合作和是否应对其延长付款期。通过分析能够了解购货方销售的信用状况。

（2）政府有关部门分析的内容

政府对国有企业投资的目的，除关注投资所产生的社会效益外，必须对投资的经济效益予以考虑，在谋求资本保全的前提下，期望能够同时带来稳定增长的财政收入。政府经济管理机构分析的目的是了解企业纳税情况、遵守政府法规、市场秩序、职工收入、就业状况，其分析内容应包括资金占用的使用效率和对社会的贡献程度。

尽管不同利益主体进行财务分析有着各自的侧重点，但就企业总体来看，财务分析的内容可以归纳为四个方面：偿债能力分析、营运能力分析、盈利能力分析和发展能力分析。其中偿债能力是财务目标实现的稳健性保证；营运能力是财务目标实现的物质基础；盈利能力与发展能力既是营运能力与偿债能力共同作用的结果，同时也对增强营运能力与偿债能力起着推动作用。四者相辅相成，构成企业财务分析的基本内容。而财务综合分析可以全面分析企业的财务状况、经营成果以及未来的发展趋势。

二、财务分析的基础

财务分析是以企业的会计报表以及其他资料为基础，通过对会计所提供的核算资料进行加工整理，得出一系列科学的、系统的财务指标，以便进行比较、分析和评价。这些会计核算资料包括日常核算资料和财务报告。财务分析主要以财务报告为基础，日常核算资料及其他资料只作为财务分析的一种补充资料。财务报告是企业向政府部门、投资者、债权人等与本企业有利害关系的组织或个人提供的，反映企业在一定时期内的财务状况、经营成果以及影响企业未来经营发展的重要经济事项的书面文件。提供财务报告的目的是为报告使用者提供财务信息，为他们进行财务分析、经济决策提供充足的依据。

企业的财务报告主要包括资产负债表、利润表、现金流量表、所有者权益变动表、其他附表以及财务状况说明书。这些报告集中、概括地反映了企业的财务状况、经营成果和现金流量情况等财务信息，对其进行财务分析，可以更加系统地揭示企业的偿债能力、营运能力、获利能力以及发展能力等。

三、财务比率分析

企业财务报表提供了企业特定日期财务状况和特定时期经营成果与现金流量的信息。财务比率分析通过对这些信息进行分析，计算某些财务比率指标，对企业财务状况进行评价，从而对企业的经营管理情况有更深刻的了解与认识，从而做出正确的经营管理决策。

企业财务比率分析的内容包括财务状况、经营成果以及现金流量的分析，具体包括偿债能力、营运能力、盈利能力及发展能力的分析。

（一）偿债能力分析

1.企业偿债能力的概念

企业偿债能力是指企业对各种到期债务偿付的能力。企业偿债能力是反映企业财务状况和经营能力的重要标志。企业偿债能力低，不仅说明企业资金紧张，难以支付日常经营支出，而且说明企业资金周转不灵，难以偿还到期应偿付的债务，甚至面临破产的危险。企业的负债包括流动负债和非流动负债。其中，企业偿还流动负债的能力是由流动资产的变现能力决定的，除货币资金外，变现能力强的流动资产是交易性金融资产、应收票据和应收账款。如果货币资金及变现能力强的流动资产的数额与流动负债的数额逐年一致，或者流动资产大于流动负债，说明企业有偿债能力；相反则说明企业的偿债能力差。其中企业偿还非流动负债的能力一方面取决于负债与资产总额的比例，另一方面取决于企业的获利能力。企业获利能力强，资产总额大于负债总额，表示有偿债能力；否则，表示偿债能力差。

2.长期偿债能力分析

长期偿债能力是指企业偿还长期债务的能力。衡量企业长期偿债能力主要看企业资金结构是否合理、稳定，以及企业长期盈利能力的大小。因此，分析长期偿债能力的主要指标有资产负债率、有形资产负债率、产权比率（负债总额）、利息保障倍数、所有者权益比率或非流动负债总额与所有者权益比率等指标。

（1）资产负债率

资产负债率亦称“负债比率”，是企业负债总额与资产总额之比，即每一元资产所承担负债的数额。它是衡量企业负债偿还物质保证程度的指标。其计算公式为

资产负债率＝负债总额/资产总额

上述公式中的“负债总额”包括非流动负债和流动负债；资产总额包括企业的流动资产、固定资产、无形资产及其他资产等。

（2）有形资产负债率

并非企业所有的资产都可以作为偿债的物质保证，不仅在清算状态下，长期待摊费用、递延税项等难以作为偿债的保证，即使在企业持续经营期间，上述资产的摊销价值也需要依靠存货等资产的价值才能得以补偿和收回。上述资产本身并无直接的变现能力，相反还要对其他资产的变现能力产生反向影响。至于无形资产当中的商誉、商标、专利、非专利技术等能否用于偿债，也存在极大的不确定性。所以，可用有形资产负债率这一比较稳健的指标对企业的长期偿债能力进行评价，其计算公式为

有形资产负债率＝负债总额/有形资产总额

（3）产权比率

产权比率又叫“负债权益比率”，是企业负债总额与所有者权益之间的比率。它反映了债权人提供的资本与所有者权益提供的资本的相对关系，说明了企业所有者权益对债权人权益的保障程度。其计算公式为：

产权比率＝负债总额/所有者权益总额

（4）利息保障倍数

利息保障倍数也叫作“已获利息倍数”，是指企业息税前利润与利息费用的比率。其计算公式为

利息保障倍数＝息税前利润/利息费用

3.影响企业偿债能力的其他因素

在分析企业偿债能力时，除了使用上述指标外，还应考虑到以下因素对企业偿债能力的影响。这些因素既可影响企业的短期偿债能力，也可影响企业的长期偿债能力。

（1）或有负债

或有负债是企业在经营活动中有可能会发生的债务。或有负债不作为负债在资产负债表的负债类项目中进行反映，但这些或有负债一旦将来成为企业现实的负债，则会对企业的财务状况产生重大影响，尤其是金额巨大的或有负债项目。

（2）担保责任

在经济活动中，企业可能会发生以本企业的资产为其他企业提供法律担保的情况。这种担保责任在被担保人没有履行合同时，就有可能会成为企业的负债，增加企业的债务负担，但是，这种担保责任在会计报表中并未得到反映。因此，在进行财务分析时，必须考虑企业是否有巨额的法律担保责任。

（3）经营租赁活动

企业经营租赁的资产，其租赁费用并未包含在负债之中，如果经营租赁的业务量较大、期限较长或者具有经常性，则也会对企业的偿债能力产生较大的影响。

（4）可动用的银行贷款指标

可动用的银行贷款指标是指银行已经批准而企业尚未办理贷款手续的银行贷款限额。这种贷款指标可以随时使用，以增加企业的现金，提高企业的支付能力，缓解目前的财务困难。

在分析财务报表时，人们往往有些片面，因为不同的报表使用者关心的重点不同。对于偿债能力是否越强越好，对不同的报表使用者也同样有不同的答案。站在所有者和经营者角度，偿债能力越强越好，反过来说明企业没有充分利用负债给企业带来的好处。

（二）营运能力分析

营运能力是企业的资产运用（管理）效率，是衡量企业管理人员运用资金的能力。实质上是企业通过生产资料的配置，从而对企业财务目标所产生作用的大小。因此，营运能力的分析主要是生产资料营运能力的分析。

企业拥有或控制的生产资料表现为各项资产占用。生产资料的营运能力实际上就是企业的总资产及其各个组成要素的营运能力。资产营运能力的强弱关键取决于资产周转速度。因此，生产资料营运能力分析，实际上就是分析流动资产、固定资产和总资产周转情况。

一般来说，周转速度越快，资产的使用效率越高，则营运能力越强；相反，营运能力就越差。表示资产周转速度的指标，有周转率（周转次数）和周转期（周转天数）两种形式。所谓“周转率”（周转次数）即企业资金在一定时期内资产的周转额与资产平均余额的比率，它反映企业资金在一定时期的周转次数，周转次数越多，周转速度越快，表明营运能力越强。所谓“周转期”（周转天数），是指资金周转一次需要的天数，周转一次需要的天数越少，说明周转速度越快，利用效果越好。其计算公式为

周转率（次数）= 周转额 / 资产平均余额

（三）盈利能力分析

企业在一定期间内实现的主营业务利润、营业利润、利润总额和净利润，在利润表上均有反映。将利润表提供的经营成果信息转化为盈利指标进行对比，可以反映出企业的盈利水平；将企业的各项盈利指标与行业标准或先进指标比较，可以反映出企业的盈利能力。认真分析利润表所提供的信息，有助于评价企业盈利能力，制定对策，提高企业经济效益。

盈利能力，是指企业赚取利润的能力，是企业财务能力的集中体现。利润是企业内外有关各方都关心的“对象”。利润是企业所有者取得投资收益、债权人获取本息的资金来源，也是经营管理者的经营业绩和管理效益的集中表现。因此，盈利能力是综合分析企业实力和发展前景的重要指标。

盈利能力指标主要用来考察企业的盈利情况，借以评价企业的资本收益水平和获利能力。企业盈利能力的一般分析指标有主营业务收入利润率、成本利润率、净资产收益率和资本保值增值率等。

（四）发展能力分析

对企业的发展能力进行分析，通常要用企业连续几期的会计报表，这样才能进行趋势分析，既反映了企业过去几年的发展状况，也可以根据比率结果预测企业未来的发展趋势。发展能力的衡量指标主要有营业收入增长率、资本增长率等。

1. 营业收入增长率

营业收入增长率是指企业本年营业收入增长额同上年收入总额的比率。营业收入增长率表示与上年相比，企业营业收入的增减变动情况，是评价企业成长状况和发展能力的重要指标。其计算公式如下：

营业收入增长率 = 本年营业收入增长额 / 上年营业收入总额 × 100%

其中，本年营业收入增长额是企业本年营业收入与上年营业收入的差额，即本年营业收入增长额=本年营业收入－上年营业收入。

营业收入增长率是衡量企业经营状况和市场占有能力、预测企业经营业务拓展趋势的重要标志，也是企业扩张时资金需求的前提，不断增加营业收入是企业生存的基础和发展的条件。

2.资本增长率

（1）资本积累率

资本积累率是指企业本年所有者权益增长额同年初所有者权益的比率。资本积累率表示企业当年资本的积累能力，是评价企业发展潜力的重要指标。其计算公式如下：

$$资本积累率=本年所有者权益增长额/年初所有者权益\times 100\%$$

其中，本年所有者权益增长额是指企业本年所有者权益与上年所有者权益的差额，即本年所有者权益增长额=所有者权益年末数－所有者权益年初数。

资本积累率是指企业当年所有者权益总的增长率，反映了企业所有者权益在当年的变动水平。资本积累率的高低体现了企业资本的积累情况，是企业发展的标志，也是企业扩大再生产时依据自身力量的程度。资本积累率反映了投资者投入资本的保全性和增长性，该指标越高，表明企业的资本积累越多，企业资本安全性越强，对抗风险、持续发展的能力越大，此时企业偿还贷款的可能性越大。该指标如为负值，表明企业资本受到侵蚀，发展能力存在问题。另外，若该被分析企业当年有权益性筹资，计算和分析该指标时，尤其是进行趋势分析时，应充分考虑其对可比性的影响。

（2）总资产增长率

总资产增长率是企业本年总资产增长额同年初资产总额的比率。总资产增长率是衡量企业本期资产规模的增长情况，评价企业经营规模总量的重要指标。其计算公式如下：

$$总资产增长率=本年资产总额增长额/年初资产总额\times 100\%$$

总资产增长率指标是从企业资产总量增长方面衡量企业的发展能力，表明企业规模增长水平对企业发展后劲的影响。该指标越高，表明企业一个经营周期内资产经营规模扩张的速度越快。但实际操作时，应注意资产规模扩张的质量，以及企业的后续发展能力，避免资产盲目扩张。该指标是考核企业发展能力的重要指标，我国上市公司业绩的综合排序中，该指标位居第二。如果企业资产规模的增长情况较好，近几年的资产增长持续而平稳，表明其资产增值能力较强。

（3）资本保值增值率

资本保值增值率是所有者权益的期末总额与期初总额的比值，是对企业经营成果是否形成积累的增加做出评价，用来反映投入资本的完整性和增值性。其计算公式为

资本保值增值率 = 年末所有者权益 / 年初所有者权益

（4）固定资产成新率

固定资产成新率是企业当期平均固定资产净值同平均固定资产原值的比例。其计算公式为

固定资产成新率 = 平均固定资产净值 / 平均固定资产原值 ×100%

其中，平均固定资产净值是指企业固定资产净值的年初数同年末数的平均值；平均固定资产原值是指企业固定资产原值的年初数同年末数的平均值。

固定资产成新率反映了企业所拥有的固定资产的新旧程度，体现了企业固定资产更新的快慢和持续能力。该指标高，表明企业固定资产比较新，对扩大再生产的准备比较充足，发展的可能性较大。运用该指标分析固定资产新旧程度时，一定要注意剔除企业应提未提的折旧对固定资产真实情况的影响。

（5）三年利润平均增长率

三年利润平均增长率表明企业利润连续三年增长情况，体现了企业的发展潜力。其计算公式为

三年利润平均增长率 = 年末利润总额 / 三年前年末利润总额 ×100%

其中，三年前年末利润总额指企业三年前的利润总额。

利润是企业积累和发展的基础，该指标越高，表明企业积累越多，可持续发展能力越强，发展潜力越大。利用三年利润平均增长率指标，能够反映企业的利润增长趋势和效益稳定程度，较好地体现企业的发展。

四、财务比率分析存在的问题

运用比率分析，在一定程度上能提供评价企业财务状况和经营成果的重要信息，可以帮助找出一些实际存在或可能存在的经营管理上的问题，作为制定未来决策的部分依据，不失为进行财务报告分析的一种有用工具和主要方法。但是，它提供的都是过去的历史性数据，忽视了企业经济资源流向的动态方面，不可能据此做出令人信服的精确结论。而且，由于财务报告列示的数据具有局限性，企业为了迎合财务分析人员对某项比率的期望结果，很可能在事先做人为加工，使计算出的比率失去了它的真实意义。这就告诉人们，在运用比率分析评价企业的经营成果和财务状况时，必须综合判断，结合趋势分析法的各

种趋势分析和现金流量表的资金变动原因分析，以及企业呈报的财务情况说明书上说明的企业生产经营、利润实现和分配、资金增减和周转、财产物资变动和税金交纳情况及近期对财务状况发生重大影响、资产负债表编制日后至报出财务报告前发生的对企业财务状况变动有重大影响的事项等，全盘考虑后做出判断和评价。归纳财务比率分析本身存在的问题主要有以下五点。

第一，比率分析运用的比率必须是在财务报告上的一些有关联项目金额之间进行计算比较。但客观上存在着滥用比率分析的倾向，对一些没有关联的项目也进行计算比率和加以比较，这必然会使比率分析徒具形式，缺乏选择比率的合理基础，也无法做出正确的解读。财务报告是会计的产物，会计有特定的假设前提，并要执行统一的规范。我们只能在规定意义上使用报告数据，不能认为报告揭示了企业的全部实际情况，所以财务报告自身的这种局限性是很难避免的。

第二，趋势分析是以本企业历史数据作为比较基础的一种分析方法，但历史数据代表过去，并不代表合理性；另外，经济环境是不断变化的，今年比去年利润提高了，不一定说明已经达到了应该达到的水平，甚至不一定说明管理有了改进。实际数据在计划标准之间的差异分析，是以计划预算作为比较基础进行的。但实际和预算的差异，有时是预算不合理造成的，而不是执行时出现了偏差。在同一企业，它的经营情况受市场环境、企业机制等错综复杂因素的影响，始终是频繁变化着的，这包括国家宏观政策的影响、产品的结构类型和比重、企业的经营政策和筹资政策等。即使企业运用的会计处理方法前后各期始终一致，还是存在着这些问题。所以，财务报告数据的可比性也是限制比率分析的重要问题。

第三，对同一会计事项的账务处理。会计准则允许使用几种不同的规则和程序，企业可以自行选择。不同企业对会计政策的不同选择，必将影响报告数据的横向可比性。虽然财务报告附注对会计政策的选择有一定的表述，但使用者未必能完成可比性的调整工作。所以，报表使用者必须仔细阅读报表及其附注，以确定报表之间的对比程度。另外，会计年度终结的日期不同，也会产生不同的结果。

第四，财务分析所依据的数据都是过去发生的经济业务的结果，是根据财务报告上的静态历史资料计算得出的比率。这种历史资料又经过一段时间的分析、研究，早已不具备制定决策所需要的及时性的信息要求了。历史资料只能在预测和制定未来决策前提供有限的参考，它忽视了对评价企业管理效能极为有用的动态信息，如流动资金的变化。因此，建立在这些数据上的财务分析，不能也无法作为制定决策的绝对依据。

第五，只有根据真实的财务报告，才有可能得出正确的分析结论。财务分析通常假定报告是真实的。报告的真实性问题，要靠审计来解决，财务分析不能解决报告的真实性问题。因此，财务报告的真实性也是影响比率分析的重要因素。在具体操作中，应注意财务报告是否规范、是否有故意遗漏，同时要注意分析数据的反常现象，剔除偶然因素的影响。

综上所述，可见财务分析并不能为评价和判断企业财务状况和经营成果提供十分精确的尺度。所以，在进行财务分析时必须充分运用一切必要的补充手段，在全面、完整、充分地掌握静态信息的基础上，适当降低上述局限性带来的影响。

第三章 财务管理的智能化

第一节 智能化与财务管理的分析

一、智能化的内涵

智能化是在产品、工具或工作系统中协同应用人类智能和人工智能，以提升其功效的过程。

第一，智能化的物质体现包括各种智能化产品和智能化工作系统。目前智能化产品种类繁多，如智能手机、智能冰箱、智能电视机、医用CT机、自动驾驶汽车等。智能化工作系统，如智能家居、智能电网、云翻译系统、反导系统等。

第二，智能化的目的是提升产品、工具或工作系统的功效。例如：智能冰箱可以节能；智能汽车可以寻找最佳路线和自动驾驶；智能电网可以解决分布式能源的统一调配和最佳利用等。

第三，智能化的本质特征在于智能的协同发展和应用。智能化既不是单纯的人脑功能开发，也不是单纯的信息技术开发和计算机网络应用。智能化是人类智能与工具智能协同发展、个人智能与组织智能及社会智能协同发展不断提升科技、经济和社会活动功效的过程。

智能化是发挥人类智能和工具智能各自特长的过程。人类智能是智能发展的源泉，工具智能虽然在某些方面还不能取代人类智能，但是在分析计算等方面可以超越人类智能。

个人智能是人类智能的基础，但经过整合和互相激励，组织智能无论在内容还是在水平方面都可以超越个人智能，对于高度复杂的产品和工作系统，还需要在更大范围内开发利用社会智能，才能获得预期的功效。

在这里，需要区分若干相关概念。

智能化不同于计算机化。计算机仅仅是人类发明的工具智能，属于人工智能的范畴。而人工智能均发端于人类智能。到目前为止，要让产品、工具、工作系统变得更加聪明，人类智能始终发挥主导作用，计算机仅仅发挥辅助作用。

智能化也不同于知识化。一方面，知识化强调的是开发人类智能的意义，未能反映人工智能在现代社会发展中所起的巨大作用；另一方面，知识化主要是指经济结构的变革，是指社会经济的发展，从以物质与能源为经济结构的重心，向以知识为经济结构的重心转变的过程。智能化则是在生产和管理过程中广泛采用人类智能和人工智能以提升功效，是一场生产方式的变革。

智能化又不同于机械化、自动化。机械化是用机械工具代替部分手工劳动，主要是人类肢体功能的延伸和替代；智能化是用人工智能代替部分脑力劳动，主要是人类神经系统特别是脑功能的延伸和替代。自动化与智能化存在交集，自动化应该包括智能化和非智能化两类技术。其中智能化主要是指自动化系统中起综合判断和产生指令的中枢部分，非智能化技术，主要解决根据指令执行操作的任务。

二、智能化的机制探究

智能化可以大大提高产品、工具和工作系统的功效，大大提高劳动生产率，因而人们力图加快智能化的进程。这就需要探讨智能化的机制。

（一）个人智能开发机制

智能化虽然涉及组织智能、社会智能和工具智能，但其基础还是个人智能。人类通过学习、实践等途径，可以提升思维和创新能力。人类大脑具有一种惊人的将跨意识的多重含义信息整合的能力，它可以毫不费力地创建时间、空间和物体的种类，以及得出感官数据的相互关系。大脑可以完成各种无与伦比的技艺，令现在的计算机望尘莫及。

（二）知识管理机制

通过知识管理，将个人的隐性知识转化为显性知识，通过知识交流共享，建立共决体制，形成组织智能。从历史角度考察，通过统一语言文字，发展教育和通信，实现了个人知识的传播、积累和传承，推动了生产力的提高和社会的发展。现代社会由于互联网的出现，促使人类智能的提升呈现更快的速度。

（三）社会智能协同机制

现代社会是一个分工协作高度发达的社会。一项智能化的产品、一种智能化的工具、一个智能化的工作系统，常常需要整合社会各方面的力量进行开发。

近年来发展的云计算、云存储、云安全等，更体现了社会智能的专业化和分工协作的大趋势。

（四）智能的工具化机制

人类智能一定要物化为产品、工具或工作系统，才能称为“智能化”。可见智能化是人类智能外化、物化的结果。通过在产品、工具和工作系统中植入和集成人类的智慧，如各类专家系统可以大大提高效能。由于计算机不存在生理和心理的局限，信息采集、计算和存储能力可以大大超越人类，而且不会受到情绪波动的干扰，因而可以表现出高超的智能。

（五）人机协同机制

人机协同是智能化最本质的特征。人类发明了计算机这样的智能工具，计算机反过来支持人类发明创造。科学家、工程师、经理们确定工作目标和思路，计算机完成信息搜索、高速计算、参数关联、图像显示、模拟仿真、决策反馈，帮助人们提高效率、实现目标。同时，计算机以及信息平台需要人们维护和不断改进。通过协同工作，智能化水平不断提高。

以专家系统的开发为例，基于规则的专家系统结构包括知识库、数据库、推理引擎、解释设备和用户界面。知识库、数据库、推理引擎、解释设备、用户界面是由某领域的专家（或专家团队）、知识工程师、程序员、项目经理乃至终端用户协力开发的。用户提出对专家系统的要求，专家提供相关领域各种情景和解决方案的理论知识和经验；知识工程师负责设计、构建、测试专家系统，搞清楚专家解决问题的事实和规则，以及专家表达的方法，选择特定的开发软件或专家系统框架，或选择编程语言以解决知识的编码，之后负责专家系统的测试、修改并将系统集成到工作平台；程序员负责编程，用计算机能接受的语言描述专家知识；项目经理负责项目的组织协调。而专家系统的开发及应用，还需要与计算机一些组件相配套，如允许专家系统融合外部数据文件和以常用语言编写的程序的外部接口、知识库编码器、测试工具以及输入输出设备。

三、人工智能技术对财务管理的推动

（一）RPA 技术对财务管理的推动

1.RPA 技术的概念及特点

机器人流程自动化（RPA）是一种基于软件机器人和人工智能概念的计算机脚本语言，用于实现用户界面（UI）的自动化技术的软件工具。RPA 具有多功能、跨应用的特点，可以执行删除重复、可复制和常规性任务，可以解放劳动力，以此达到帮助员工提高效率的目的，还可以连通企业内外部信息系统，使数据的集成拿取便捷简单，以此提高用户的使用感。

RPA 擅长模仿人类操作方式解决大量重复性质的工作，其具有以下的技术特点。第一，持续工作。RPA 可以全天候 24 小时操作处理，这大大提升了企业财务管理的工作效率。第二，规则明确。前期工作人员需要编写基于明确规则能够完整运行的脚本，促使RPA能够持续运行。第三，以外挂形式存在。RPA在另外的系统中运行，不会改变企业的架构。第四，高强模仿能力。RPA按照人工操作方式来运行。

2.RPA财务机器人的概念及功能特点

财务机器人是RPA技术运用于财务领域的产品，它可以模拟现实工作中会计人员的工作流程进行自动化操作，根据RPA的技术特点发现它适合代替工作人员完成工作量大、规则明确、重复率高的基础业务内容。我们可以把RPA财务机器人当作财务部门的虚拟会计，从事的工作为传统的人工操作中重复性的工作流程，只不过被放置在特定的流程节点进行自动化的工作。

结合RPA的功能和特点，总结出RPA财务机器人的功能如下。第一，数据检索与记录。计算机模拟财务人员常规人工操作的流程，并记录这套程序，在相关类似的业务发生时自动触发执行需要数据的检索与记录。第二，图像识别与处理。RPA财务机器人借助OCR（Optical Character Recognition，光学字符识别）技术自动扫描识别凭证等文件，并提取出与业务相关的文字、数据，再经过系统筛查，留下可以用于自动化处理的数据。第三，平台上传与下载。RPA财务机器人根据预定的运行脚本自动登录企业内外部信息系统，完成相关财务信息的上传与下载。第四，数据加工与分析。RPA财务机器人对于搜索和下载的数据自动进行筛选、审查、计算和分析。第五，信息监控与产出。RPA财务机器人可以基于模拟人类判断，实现工作流分配、标准报告出具、基于明确规则决策、自动信息通知等功能。

RPA独有的技术特点，导致RPA财务机器人比较擅长处理大量重复的业务内容和基于明确运行规则模拟人工操作的流程。RPA财务机器人的技术特点如下：第一，简单的重复操作，如相关数据的检索、下载、录入和审查等；第二，量大且易错的业务，如报销票据的审核、增值税专用发票的验证、与往来单位或银行的对账等；第三，系统内嵌的多个异构系统不会改变系统；第四，7×24小时工作模式，弥补了财务人员工作精力及工作时间有限的问题，适合于企业7×24小时的业务。

3.RPA是实现智能财务的第一步

在财务管理领域，RPA技术基本覆盖了财务运营管理的方方面面，如账单管理、报表管理、预算管理、信用管理、税务管理、流程控制等。依据每个企业流程的规范化、标准化程度不同，RPA技术应用的范围也不同。

但是，RPA技术仍然不是真正的智能财务。RPA技术应用的实现基础依然是传统的流程规则的明确，它是针对企业现有信息系统提供的外挂自动化软件，对企业已经存在的系统、应用和流程，不会有任何的影响，而只是把需要人工操作的部分变成机器代替人来操作。

而智能财务的实现基础，是机器的自我学习、自我认知能力。RPA不仅仅是只包含一个基于明确规则的自动化机器人，而是综合运用了人工智能的多项最新的技术，如图像识别技术、语音识别技术、自然语言处理技术、语义解析技术、规则与流程引擎技术、机器深度学习技术等人工智能相关技术，为企业提供多场景、全方位的智能财务服务。以实际的应用场景举例，真正的智能财务机器人，不仅要能自动化执行相关操作，如自动生成凭证、自动对账、自动月结、自动付款、自动报税等，同时还要具备自我学习、自我纠正的能力，通过机器的自我学习使自己的功能愈加强大。

从整个人工智能在企业管理中的应用过程来看，要实现企业财务运营智能化，先后需要经过业务流程自动化平台、机器人流程自动化（RPA）、自然语言识别技术、智能或认知计算、模型化业务等几个阶段的发展与沉淀。RPA技术的深化应用与积累，将是企业实现财务运营智能化的关键。

（二）OCR技术对财务管理的推动

1.OCR技术的概念

OCR技术，是通过扫描等光学输进方式将各种票据、报刊、书籍、文稿及其他印刷品的文字转化为图像信息，再利用文字识别技术将图像信息转化为可以使用的计算机输进技术。可应用于银行票据、大量文字资料、档案卷宗、文案的录入和处理领域。适合于银行、税务等行业大量票据表格的自动扫描识别及长期存储。相对一般文本，通常以终极识别率、识别速度、版面理解正确率及版面还原满足度四个方面作为OCR技术的评测依据；而相对于表格及票据，通常以识别率或整张通过率及识别速度作为测定OCR技术的实用标准。由于OCR是一门与识别率拔河的技术，因此如何除错或利用辅助信息提高识别正确率，是OCR最重要的课题，ICR（Intelligent Character Recognition）的名词也因此而产生。根据文字资料存在的媒体介质及取得这些资料的方式不同，就衍生出各式各样、各种不同的应用。

OCR可以说是一种不确定的技术研究，正确率就像是一个无穷趋近函数，知道其趋近值，却只能靠近而无法达到，永远与100%做拉锯战。因为其牵扯的因素太多了，书写者的习惯或文件印刷品质、扫描仪的扫描品质、识别的方法、学习及测试的样本等，多少都会影响其正确率，OCR的产品除了需有一个强有力的识别核心外，产品的操作使用方便性、所提供的除错功能及方法，亦是决定产品好坏的重要因素。一个OCR识别系统，其目的很简单，只是要把影像做一个转换，使影像内的图形继续保存。有表格则将表格内资料及影像内的文字，一律变成计算机文字，达到影像资料的储存量减少、识别出的文字可再使用及分析，当然也可节省因键盘输入的人力与时间。

2.财务领域OCR技术的应用

在财务领域OCR技术应用主要分成以下两个模块。

（1）识别确认模块

OCR影像识别的基础工作为定义识别引擎模板。模板根据位置、识别区域来确定影像中要转换为电子信息的内容，通过标示项由引擎自动定位确定影像区域，模板定义时可对识别内容进行校正。识别模板可以识别影像文件中的任何内容。OCR识别了发票代码、发票号码、发票日期、金额、税额、总额、购方税号、销方税号八个识别项后，形成结构化数据，用于认证、记账等流程。

（2）记账应用模块

在财务共享中心中利用OCR识别结果，提升记账信息集成度，提高核算记账效率和质量。共享中心模板使用OCR识别结果，系统在初始形成凭证预制信息时，会根据OCR识别的结果对行项目中的税项进行预录入，按照识别信息逐行生成“应交税费——增值税”行项目，并写入税额、税码信息，完全替代人工维护税金行项目工作。

第二节 智能化视阈下财务管理的新逻辑

一、财务组织与认知的新逻辑

智能时代的到来改变了财务组织、财务人的认知以及财务信息技术，但更重要的是改变了财务逻辑，来自逻辑层次的改变才是最终的改变。当我们面对智能时代，苦苦寻觅该做些什么的时候，不妨跟着一起来思考智能时代的新逻辑。

（一）管控：局部与全面

现代财务管控受到组织壁垒的严重制约，从集团到业务板块，到专业公司，再到机构，每个层次之间都存在着无形的数据壁垒。今天，当无法将人力直接渗透至最末端的时候，数据是我们实施集团管控的关键。而数据壁垒的存在，让管控的力量层层衰减。智能时代的数据将实现高度的集中和透明，数据无边界将成为可能。当数据壁垒被打破时，财务管控势必从局部走向全面。这是智能时代管控的新逻辑。

（二）组织：刚与柔

现代财务组织建立在刚性管理的基础上，泰罗的科学管理理论将人看作“经济人”和“会说话的机器”，强调组织权威和专业分工。刚性组织依靠组织制度和职责权力，管理者的作用在于命令、监督和控制。而智能时代需要的是更多的能动与创新，“会说话的机器”将被人工智能这个“真的机器”所替代。在智能时代更需要柔性组织，柔性管理擅长挖掘员工的创造性和主观能动性，依靠共同的价值观和组织文化调动员工的高层次主导动机，实现智能时代管理所需要的跳跃与变化、速度与反应、灵敏与弹性。这是智能时代组织的新逻辑。

（三）知识：纵与横

现代财务管理对财务人的要求首先是专业的纵深能力。由于财务管理本身涉及会计、税务、预算、成本等多个垂直领域，很多财务人常年围绕一个纵深领域从事工作，也因此形成了自身在某一领域很深的专业能力。但在智能时代，财务管理的视野将被极大地打开，人工智能能够辅助强化财务人的知识深度，而更多需要的是具有横向宽度、能够进行跨专业领域协同创新的新知识体系。这是智能时代知识的新逻辑。

（四）观念：被动与迎接

如今财务人的观念多数在潜意识中还是偏重被动的，在现今社会，财务人被认为且自己也认为需要用严谨的态度处理和解决问题。管理层和业务部门也常常会认为财务是后台角色，做好自己的事情，有问题能解决就可以了。这些都是典型的被动观念和思维。在这种认知和定位下，财务人能够掌握的资源就会极其有限，难以起到很好的管理推动作用。在智能时代，将更多地强调财务人基于大数据和智能分析的主动发现和管理能力。对财务人来说，要实现如此的观念转变，就需要逐渐转向强势财务，从被动响应变化转变为主动迎接挑战。这是智能时代观念的新逻辑。

二、财务管理技术的新逻辑

管理技术是财务主体的脉络。好的管理技术能够让财务主体运转得更具活力，并且焕发出青春的能量。财务管理技术的逻辑转变将让财务触及更为广阔的管理技术领域，获得更加先进和更有价值的管理技术工具。让我们从数据、计算、记录、流程、互联五个关键词来看财务管理技术的新逻辑。

（一）数据：小与大

传统的财务数据处理和数据分析都是建立在结构化数据基础上的，也可称为“小数据”。这也是我们最擅长的领域。传统财务分析领域的技术工具也多是基于小数据开展的。对财务来说，即使在智能时代，小数据也仍然是不可舍弃的核心，毕竟太多的财务管理理论都是构建在结构化数据基础上的。但对我们来说，在手握小数据工具的同时，还要高度重视大数据。基于大数据的技术工具，让海量非结构化数据处理成为可能，这能够帮助我们跳出传统思维的局限，探索出一片广阔的新天地。这是智能时代数据的新逻辑。

（二）计算：本地与云端

传统的信息系统或者说计算多是构建在本地部署基础上的，从用户的角度来看，本地部署模式能够更加灵活地匹配我们的管理需求，更好地支持按需建设。但随着本地部署量越来越大，所带来的负面影响是持续高昂的运维成本的投入以及企业大量资产的占用。但这些在传统时代由于计算能力有限，并非不可容忍之痛。而在智能时代，大数据和机器学习对算力的要求都是海量的，传统的本地部署模式势必受限，云计算将成为首选，无论公有云、私有云还是混合云，走向云端都将成为必然。这是智能时代计算的新逻辑。

（三）记录：集中与分布

传统财务信息的记录采用的是集中记录的方式，或者说“有中心”的记录方式。这种方式的好处是数据存储量小，不会产生大量的资源消耗。但问题是，数据的安全性及一致性并不是很高。很多公司常见的财务问题是业财不一致，或者可以解释成不同系统之间的同源数据不一致。而在智能时代，随着区块链技术的出现，记账方式发生了革命性的改变，从原来的集中记账转变成分布式记账，将财务信息进行去中心化的多账本同步记录。尽管这种财务信息记录模式会造成大量的数据冗余，但网络和存储的快速进步克服了这一不足，信息记录从集中到分布将有越来越多的应用场景。这是智能时代记录的新逻辑。

（四）流程：稳健与敏捷

为保持传统财务端到端流程的可靠性，大家更多的是进行流程固化。在业务流程相对稳健的模式下，流程的可靠性和维护的便利性得到加强，但丧失了较多的流程灵活性，以及对客户需求响应的可能性，从而带来客户满意度的下降。在智能时代，更为高效的流程引擎能够支持维度更加丰富的流程控制，并且能够基于动态数据分析及时调整流程控制参数。同时，流程中智能自动处理的环节增加，流程变动并不会给运营造成过多压力。在这种情况下，适度地将流程从稳健向敏捷转变成为可能，也将会赢得财务客户的青睐。这是智能时代流程的新逻辑。

（五）互联：数联与物联

传统的财务关注数字之间的联系，无论流程处理还是经营管理，都更多地关注数字流转。数联时代帮助我们将一系列的经营管理过程及流程转换为数字形态，从而可以展开量化管理。而在智能时代，我们可以在数联的基础上叠加物联的概念。随着物联网应用的逐渐展开，在企业经营中关键实物、运输、人、财务凭证等的流动都可以打上物联标签，而将物流信息进一步转换为数字信息，让我们可以通过数字进一步分析，引入在没有物联时难以关注到的管理视角，如更为复杂的物流运输的成本管理等。物联并不是排斥数联，这里强调的是将物联转换为数联，在数联里加上物联的信息。这是智能时代互联的新逻辑。

三、财务管理实践的新逻辑

管理实践是财务主体的手足。手足敏捷能够帮助财务主体变得更加刚劲有力。财务管理实践的逻辑转变，能够让我们在实践工作中引入不同的视角，通过另一种模式对现有的实践进行转换和升级。让我们从绩效、预算、管会、控本、业财、共享、财资七个关键词来看财务管理实践的新逻辑。

（一）绩效：因果与相关

在传统的财务管理中绩效管理通常会预先设定因果，通过设定关键绩效指标（KPI），并设定目标值来监控业务部门的执行情况。当KPI结果发生偏离时，势必要找到其原因，再进一步寻求解决措施。这是典型的因果分析法，也是当下主流的绩效管理思维。但在智能时代，大数据并不强调因果关系，而是更关注相关性，这为经营分析打开了另一扇窗。基于大数据分析，我们从数据角度寻找影响KPI偏离的因素，并获得其影响方向，直接对这些因素进行干预管理，不解释为什么，不用向业务部门说明其中的逻辑。这是智能时代绩效的新逻辑。

（二）预算：经验与数配

传统的预算编制或资源配置往往基于经验，即使采用复杂的作业预算概念，其中的业务动因也大多是基于经验形成的。说传统预算是一种经验预算是不为过的。这种经验预算对预算编制人员的经验要求很高，且其结果很不稳定，往往在预算沟通过程中会有很大的弹性和空间。同时，沟通双方都很难找到合适的逻辑说服对方。而在智能时代，依靠大数据的可预测性，通过分析数据，从结果出发，能够找到影响经营结果的热点因素。通过确定这些热点的资源投入，实现精准预算或精准资源配置，我们称之为数配。这是智能时代预算的新逻辑。

（三）管会：多维与全维

传统管理会计的核心部分就是维度，而维度往往又是很多管理会计人的痛苦回忆。在当前模式下，管理会计要实现多维度盈利分析的目标，关系型数据库的性能早已无法支持，多维数据库成为当下管理会计系统数据载体的主流。即使这样，在管理设计中，大家对维度仍然极其谨慎，减少一切不必要的维度，以提高运行效率。而在智能时代，无论是算力还是数据处理模式都将可能有更大的提升空间。尽管在当下还没有看到技术突破至理想的状况，但相信在不远的将来，维度的组合计算将不再是业务设计的约束，全维管理会计将成为可能。这是智能时代管理会计的新逻辑。

（四）控本：后行与前置

传统的成本管控往往是在成本发生后进行的事后追踪。即使往前推进一步，做到设计阶段的成本管理，这样的成本管理方式在现阶段也是必要的，是能够发挥作用的。但随着智能时代技术的进步，成本、费用被细分为每一个子类，针对不同子类都可以进一步向前延伸，建立专业的前端业务管理系统，如商旅管理系统、品牌宣传管理系统、车辆管理系统、通信费管理系统等。这些前置业务系统和财务系统之间进行无缝衔接，将成本费用的管理前置到业务过程中。这是智能时代控本的新逻辑。

（五）业财：分裂与融合

传统的业务系统和财务系统之间存在一定的分离情况，业务系统通过数据体外传递的方式完成和财务系统之间的数据对接。而近年随着业财融合的深入，出现了单个业务系统在体内自建会计引擎，并对接财务系统的模式，但多个系统之间仍然是分裂的。在智能时代，随着会计引擎应对复杂性能力的提升，将能够逐步建立起大型企业内部统一的会计引擎，并作为载体融合多个前端差异化的业务系统，从而实现业财对接从分裂到融合的转变。这是智能时代业财的新逻辑。

（六）共享：人工与智控

当下的财务共享服务采用的是典型的劳动密集型运营模式，将分散的财务作业进行集中处理。这种模式的建立在过去十年内极大地解决了国内企业在会计运营成本和管控能力上所面临的问题。但也要意识到，劳动密集本身也存在着成本和操作风险。在智能时代，基于人工智能和机器学习的共享作业将逐渐取代依赖于人工作业的模式。基于前端数据的丰富采集，依托智能规则，可以大幅降低财务共享服务中心的作业人力，从劳动密集型运营转变为技术密集型运营。且依托人工智能，可以实现在智能作业时开展更加丰富的智能风控。这是智能时代共享的新逻辑。

（七）财资：平面与立体

在传统的财资管理系统中更多的是平面化的财资管理，所谓“平面化”是指将财资管理的重点放在账户管理、资金结算、资金划拨、资金对账等交易性处理流程上。这也是很多国内企业目前资金管理水平的基本状况。而在智能时代，随着对复杂的资金管理模式技术支持能力的增强，财资管理将从平面走向立体。一方面，财资管理从交易处理模式转型为复杂的司库模式，在资产负债和流动性管理、风险管理领域开展更为丰富的实践；另一方面，财资管理从企业内部资金管理模式向供应链金融模式转变，构建起多维度立体的财资管理体系。这是智能时代财资的新逻辑。

第三节　财务分析智能化的实现及应用

一、财务分析智能化的技术实现

一般的决策支持软件通常隐含着至少一个假设，即“其他条件不变”。这个假设条件的存在，虽然使软件编写变得容易可行，却使软件运行成果和企业的实际情况相去甚远。财务分析的智能化，应该借助于计算机技术，将企业的实际数据和决策模型动态链接起来，使过去的“其他条件不变”假设变成“其他条件已知并随经营状况的变化而变化”，这一改变使分析模型和软件的运行建立在企业实际数据的基础上，建立在数据与分析模型、分析方法动态链接的基础之上，实现有效人机互动，使会计人员摆脱手工分析的时代，替代人脑进行分析判断，自动生成图文并茂的财务分析报告，真正实现快速决策和准确决策。

财务分析智能化系统，从外部通过建立接口导入数据之后，存储到数据库之中，供用户和系统调用。用户提供选择分析指标、分析报告内容驱动分析模块，执行分析推理过程。在分析推理过程中，要使用知识库中效应模块的分析模型和分析经验，某些分析判断还需要借助于分析参数。分析推理运算生成分析结果文字、图和表，再根据用户定义的报告输出内容和格式，经过报告生成器生成分析报告。

系统根据企业的财务报表数据，自动生成一个分析和评价企业经营和财务状况的图文并茂的报告。用户可以借助于该系统，设计撰写一份自己所需的财务分析报告，能够省去大量重复性的数据查找、指标计算、图表制作和报告文字撰写等工作。系统主要实现的智能化的功能有：①自动导入财务数据，生成财务分析报告；②可以进行年度、季度、月度和半年度分析，实现任何两期或三期的分析，生成环比分析报告和基期比分析报告；③可生成财务分析各个方面分析、内容分析、指标表和指标图，可自定义分析指标和分析报告；④可快速出具图文并茂、内容规范、繁简任意、格式可自定义的分析报告；⑤可对分析报告进行个性化编辑和修改。

历史经验表明，发展最快的企业是那些在企业管理方法、技术上获得了重大突破，首先采用适应时代要求的、先进的企业管理技术的企业。从发展趋势上看，智能化财务分析是一种客观需求，是财务由核算管理型向管理核算型转变的标志之一。财务分析智能化软件系统的推广和运用，将给财务部门的分析工作带来高效和准确，并为企业的科学决策提供准确的、科学化的财务依据。智能化财务分析软件系统把专家学者的知识和科学方法用计算机软件固定下来，并能够让企业直接使用，使我们在工业化、信息化发展的同时，走智能化道路。

二、财务分析智能化系统的应用

（一）在企业中的应用

企业经营者、董事会成员、监事会成员、证券投资人员、银行信贷管理人员、企业财务管理部门、集团公司成员、企业管理部门、政府机构、会计师事务所、管理咨询机构均是智能化财务分析系统的使用者。

传统财务管理系统虽然解决了自动记账、出表和一些会计数据的汇总统计工作，但仅仅是一种简单机械操作的替代，而对财务报告分析这一涉及专业技能的综合性工作，只能靠人工来完成。所以一到月末年初，财务部经理等企业管理层人士，就不得不在完成日常事务性工作的同时挑灯夜战，归集、整理、完成报表数据的翻译和解释，即完成仅能满足企业经营者单一需求的财务分析报告的编写工作。

其实，对同一企业的同一份财务报表，不同的报表使用者会得出不同的结论，因为他们的立场不同，对企业关心的角度不同。智能财务分析系统允许同一使用者以不同身份、从各个不同角度对同一企业的财务状况和经营成果进行审视，并做出不同的财务分析报告。这如同给企业的高级经理们提供了一面多棱镜，使他们可以从各个不同的侧面观察企业的外部形象并制定相关政策和策略。这极大地提高了企业的工作效率，使财务管理系统更好地为企业管理和决策发挥辅助作用。

系统直接从企业的财务管理信息系统中抽取数据，同时支持Excel报表的导入功能。在导入财务报表数据之后，一分钟之内生成一个内容全面、结论准确、图文并茂的财务分析报告。在实际分析中，财务分析智能化利用图表展现、文字描述等手段对收入（总收入、各单位收入、内外部收入）、成本、费用、税金、利润等方面进行深入分解分析，同时，对成本习性、盈亏平衡点、营业安全水平、财务敏感性、资金状况预警等方面结合全面的财务数据进行挖掘分析，最后出具一个上百页的图文并茂的财务分析报告，全面展现企业财务状况。

当用户将原始数据导入系统后，系统还可自动调用同比增减数、增减变化率、完成预算百分比等数据，生成自定义分析报告或表格，并能够实现各类财务指标的定义和计算，形成完整的财务指标体系。系统自动判断选取影响收入利润变化的前几个原因，并运用因素分析法分析销售量、销售单价对收入的影响。系统可从市场、产品、客户多个角度分析收入、利润的完成情况，可对所分析的内容与预算对比、与上年同期的对比分析。

用户可任意组合更改分析报告内容的顺序、表格样式和图的表现形式等，同时设计灵活的数据接口和人机对话窗口以适应不同分析的需要，支持Word、PPT、HTTP格式；用户可自由增加企业希望分析的新增项目，自定义分析的文字模板、图形模板、表格模板等；用户可针对不同分析报告需求者，定义不同的报告模板，分别提交给上级部门、单位领导和不同需求的分析人员。

系统设置了财务分析工作中常用的基本模板，同时支持自定义。通过生成报告管理功能，用户可将已建立的文字、图、表等分析模板组合成为一个新的图文并茂的大模块，并可将这个新组建的报告模块提交给相关人员审批。通过报告管理功能，可将经审核批准的报告模块组合成一篇完整的报告，并对这个报告模板进行管理，将已经组合完整的报告通过“生成报告”功能，以Word和PPT格式生成。用户可根据需要任意组合文字、图表，以适应不同分析的需求。

系统采用B/S架构，支持网络运行，数据共享，便于安装、实施和维护，还具有操作简单易用性、权限分配合理性等特点。用户通过网页浏览方式在各用户权限范围内操作系统，而且整个系统可实现轻松升级，只需在服务器安装升级程序即可完成。

（二）在金融领域的应用

银行信贷部的工作既繁忙，责任又重大，因为，许多不良贷款项目用假报表蒙骗了信贷员。在银行信贷部门推广使用智能财务分析方法之后，信贷部经理的梦想变成了现实，只要一得到贷款企业的财务报表，利用智能财务分析就立刻可以得到具有专业水平的财务分析报告，这不仅大大提高了工作效率，也减少了因信贷人员知识结构或主观随意性对贷款者基本财务报表分析的误差。运用智能财务分析系统可解决信贷人员专业知识的不足，提高银行的信贷资产质量。

智能财务分析系统同样可以作为投资者的参谋，有了它投资者就可以轻松便利地对上市企业的财务状况和经营成果迅速做出深入全面的分析判断。它是投资者手中的显微镜和放大镜，因为它善于发现问题和揭示隐含在抽象数字背后的规律，激发人们进一步调查问题的原因。投资者只要访问智能财务分析服务网站，只要录入某上市公司的股票代码，就可以立即得到该公司的近期财务分析报告。由于这种分析报告不仅不是上市公司自己“粉饰”过的，更不是券商“包装”过的，而是计算机根据财务分析专家知识，由第三者的中立立场做出的，所以更具有特别的意义。

总之，财务分析的智能化提升了计算机财务管理系统的目标，丰富了计算机财务管理系统的功能，完善了计算机财务管理系统的结构，使财务管理系统面向管理决策，并有效地利用计算机技术提高会计模型的使用价值，使得财务管理系统在性能上发生根本变化，财务管理系统具有更多“人性”已经成为现实。

第四节 财务决策支持系统智能化

一、人工智能下财务决策支持系统机制构建

（一）新系统功能与结构

新系统由数据层、分析层和交互层三部分组成。

数据层主要进行数据收集、清洗、数据挖掘以及存储工作。借助自动数据传输程序以及自然语言处理技术，可以快速获取本地数据库中存储的业财信息、审计信息、信用信息等内部决策有用信息，以及在互联网上公开的政府政策信息、税务信息、汇率信息、市场信息、法律信息、宏观经济信息等外部信息。这些海量异构数据被进行数据清洗和数据挖掘，从而形成多维度的决策有用信息，并被分类存储在数据仓库中。数据仓库为新系统的深度学习和财务决策制定强大的数据基础，同时数据的提前处理和分类汇总也为财务决策制定的及时性提供了保证。

分析层负责开展财务分析、财务预测和财务决策活动。财务分析是开展财务预测和财务决策的基础，财务决策依赖于财务分析和财务预测的结果。分析层包含知识库、方法库、模型库及其各自的管理系统以及人工智能分析系统。知识库中存储各类财务知识、常识及推理规则等数据，方法库中存储财务分析、预测及决策方法，模型库中存储财务分析模型。三个数据库的管理系统一方面负责接收人工智能分析系统的指令，从相应的库中调取所需知识、方法和模型；另一方面嵌入深度学习算法，在后台自动进行新知识、新方法和新模型的建立及对已有知识、方法和模型的改善，从而及时更新知识库、方法库和模型库。人工智能分析系统负责接收人机交互系统传达的财务决策目标，并据此向各库管理系统和数据仓库发送指令，接收数据进行分析，最后将结果反馈给人机交互系统。人工智能分析系统中包含若干嵌入深度学习算法的推理机，这些推理机一部分负责根据财务决策目标确定所需知识、方法、模型和画像的种类；另一部分负责进行财务分析以生成各类画像，还有一部分负责财务预测和决策的生成。

所谓“画像”是指通过数据分析和推理得到的以数字表示的对某一事物的全面描述。比如，根据数据仓库中的数据对组织结构、治理机制以及风险偏好等企业特征进行刻画，并对财务绩效、现金流情况、财务风险水平等客观情况开展实时分析，可以得出客观准确的企业画像。同时，通过对企业面临的投资、筹资环境、市场环境、宏观经济环境等外部

环境信息进行分析，还可以形成外部环境画像。需要强调的是，各类画像中不仅包含最终形成的高度概括性的分析数据和结论，还可以进行数据钻取，可根据后续计算的需要钻取原始数据。依赖深度学习算法，可以实现企业画像和外部环境画像的匹配，进而进行财务预测，并在此基础上综合财务分析的结果，最终得到财务决策。在整个财务决策制定流程中，对于具有高度重复性、逻辑确定并且稳定性要求相对较低的部分，通过运用机器人流程自动化（RPA）工具实现自动化处理，从而进一步提高财务决策制定效率。为了提高财务决策需求产生时系统的反应适度，在财务决策支持需求频率较低的时间段，如企业下班时间，新系统可根据以往财务分析、财务预测和财务决策的需求，推测未来可能的财务决策目标，并进行相关的分析工作。当人机交互系统传达财务决策需求时，人工智能分析系统会根据深度学习的结果将企业画像、外部环境画像与决策目标相匹配，从而得到适当的财务决策。以企业金融资产投资决策为例，将由企业画像得出的企业财务状况和风险偏好等变量，由外部环境画像得出的市场系统风险、风险溢价等变量以及由金融工具画像得到的不同融资策略的风险、成本等变量代入决策模型中，通过深度学习算法，将企业需求与金融工具特点进行匹配，从而选出最优投资组合。

另外，在财务决策执行过程中，通过不断更新数据仓库中的数据，新系统自动进行财务分析和预测，这一方面实现了画像及时更新，为财务决策效率提供了保证；另一方面也实现了对财务决策执行情况的监督和控制，使风险点的及时预警和必要时对财务决策的及时动态调整成为可能。

交互层是联系新系统与决策者的纽带。人机交互系统使用语音识别和自然语言处理技术，因此决策者可以使用自然语言与新系统进行沟通。在进行财务决策的过程中，人机交互系统通过对自然语言的处理形成财务决策目标，同时将财务决策目标传达给人工智能分析系统。在完成财务决策后，通过人机交互系统，输出财务分析报告、财务预测报告以及综合上述报告信息的财务决策报告，或根据决策者需求编制的定制报告。

（二）新系统信息化决策驱动机理

股东作为财务决策结果的最终承担者，却常因信息不对称而无法发现高管的代理问题，导致利益受损；高管作为企业的实际管理者，日常经营决策的制定同样受制于信息的片面性和模糊性。高质量的决策有用信息是保证决策质量的基础。提高决策有用信息质量应从提高数据的多维性、全面性和准确性入手。

新系统以大数据为基础和驱动力，借助互联网，新系统可以实时获取财务报表信息、供应链信息、市场信息、行业信息、证券市场信息以及网络舆情信息等海量结构化、半结构化数据和非结构化数据。这些原始数据从多个方面描绘出了企业自身财务状况和面临的外部财务决策环境，但这些数据结构混乱、质量参差，无法直接用于财务分析，因此需要经过数据清洗和数据挖掘。经过大数据技术处理过的原始数据变成了多维度的决策有用信息，并按主题分类存储。以某类产品为例，通过多维度的决策有用信息，我们可以从产品型号、产量、销量、主要市场等多个维度提取有关的信息，快速获取某时某地该产品的销售情况。正如可以通过流动比率和速动比率等指标判断资产流动性，通过这些多维度的决策有用信息，深度学习算法会根据之前训练的结果对企业的偿债能力、盈利能力、经营能力、成长能力、风险承受能力、风险偏好等要素加以评价和判断。相比之前通过固化指标得到的评价结果，人工智能技术基于指数级指标得到的结果更加准确，从而保证了财务决策的适当性。

基于决策有用信息进一步开展财务分析、财务预测和财务决策工作。借助现有财务分析方法和对应的深度学习算法，可以对企业偿债能力、发展能力、盈利能力和营运能力进行分析评价。财务分析数据连同企业特征数据构成了企业画像。

同理，通过对其他主题多维决策有用信息的分析处理，可以得到外部环境画像、资产画像、客户画像等多类财务决策信息群，当财务决策目标产生时，深度学习算法在调练时得到的模型，新画像被定制，各类画像间相互匹配，并对不同匹配路径下未来的财务活动成果进行预测和分析，得到财务预测数据。在此基础上选择可以最大限度地满足财务决策目标的行动路径作为财务决策。决策者可以通过人机对话对输出的财务决策进行修正，修正的过程会影响最终的决策模型，以提高下次决策的质量。得到令人满意的财务决策后，决策者可以选择输出通用财务决策报告，或定制个性化报告。

财务报告的生成意味着海量数据到财务决策的转变全部完成。在这个过程中，数据被不断精减，并被赋予财务含义，推动了财务决策的最终生成。最后，财务决策执行过程中产生的数据又被重新收集，形成了“数据—知识—财务决策—财务决策执行—新的数据”的闭环。

（三）新系统决策模型构建

新系统在以管理会计信息为基础构建的大数据决策有用信息的支持下，进行包括筹资决策、投资决策、成本决策、股利分配决策和特殊财务决策在内的财务分析、预测和财务决策支持工作。财务分析和财务预测模块作为支持性模块，在每次财务决策任务中都会被采用，以提供决策数据支持。

1. 筹资决策

通过财务分析得到企业画像、外部环境画像和筹资工具画像为筹资决策提供数据准备。财务决策目标可能包括但不限于筹资期限、筹资金额和筹资成本要求等。当收到筹资决策目标后，新系统根据目标要求，在各类画像中提取相关的决策有用信息，包括企业的偿债能力、发展能力、营运能力、盈利能力、风险偏好等，外部环境中的银行利率、汇率、税收政策及市场风险等，以及各种筹资方式下的筹资工具风险、成本等特征，并借助深度学习算法将这些信息进行匹配，预测每种筹资路径下的筹资成本、筹资时间等数据，最后根据财务预测的结果，提出财务决策方案并根据决策者需求出具相关报告。

2.投资决策

企业画像和外部环境画像仍是投资决策的基础，根据投资决策目标的不同，可能与决策相关的因素包括偿债能力、营运能力、治理结构以及利率、税率、市场及行业因素和法律法规的合规性因素等。然后根据具体的决策目标，提取不同数据进行大数据分析和数据挖掘，定制拟收购企业画像、新产品画像、新设备画像、新技术画像以及金融工具画像等。在此基础上，根据投资目标中包含的对投资回报率、投资规模等方面的要求，选取合适的算法。将各类画像进行匹配，并进行财务预测，根据财务预测结果生成财务决策并出具相关报告。

3.成本决策

根据不同的成本决策目标，可以在企业画像的基础上进行数据钻取，获得人力成本画像、生产成本画像以及资金成本画像等，以更详细和准确地揭示企业在人力资源、生产经营和资金使用等方面的成本构成和成本规模。同时，当成本决策目标涉及供应成本或销售成本时，应定制供应商画像或分销商画像。然后根据决策目标中包含的对成本规模、产品或服务质量等方面的要求，对各类画像进行匹配，并对可能产生的财务后果进行预测，并最终得到成本决策。

4.股利分配决策

根据对企业画像治理结构数据的钻取和外部获取的股东相关信息可以描绘包含股东性质、股东收入构成和股东风险偏好等信息的股东画像。根据股利分配决策目标的要求，关注企业能力、外部法律法规要求、税收政策、投资机会以及不同股利政策和股利支付方式的适用条件和优缺点。将各类画像相匹配，寻找公司发展和股东权益保护之间的均衡点，从而做出最优决策。

5.特殊决策模型定制

新系统不限于提供传统的财务决策支持辅助服务，对于上述财务决策目标之外的决策辅助需求，决策者可以进行特殊决策模型定制。当特殊财务决策需求产生时，借助深度学习算法，新系统首先会根据以往决策经验自动推理需要的画像类别，决策者可以对画像类别以及画像涉及的具体分析方面进行调整和修正。然后根据对财务决策目标的分解获得需要采用的分析方法，并应用对应深度学习算法进行运算，从而得到财务分析和预测。最后根据财务预测结果，提出决策建议供决策者参考。同时，本次财务决策支持过程中涉及的画像类型、分析预测结果以及最终决策等内容，都会作为下一次特殊财务决策模型定制的素材进行分析和储存。

（四）新系统工作原理

财务决策通常是基于管理会计信息，综合其他决策相关信息，并借助专门的分析方法和模型做出的。比如，新产品开发投资决策需要收集变动成本、机会成本、专属固定成本等相关成本数据，并选择适当的定价方法，进而预测新产品的利润。同时，还应综合企业的资金状况、市场需求情况以及宏观经济情况等财务和非财务信息做出决策。新系统在进行财务决策支持时也是基于“决策有用信息—财务决策方法和模型—财务决策”的原理进行的。

1.决策有用信息的获取

决策有用信息是财务决策的始点。对于企业来说，一切信息皆是决策有用信息。新系统在进行信息收集时不对信息进行筛选，从而保证决策有用信息的全面性。为提高决策有用信息的相关性和可用性，需要对这些数据进行进一步加工。对于非结构化数据借助自然语言处理技术进行结构化处理，提取关键实体信息，并挖掘这些信息间蕴含的数据关系，结合经过数据清洗的结构化数据进行数据挖掘。新系统可获得包含数据本身和数据间复杂关系在内的高质量的决策有用信息。

2.财务决策方法和模型的建立

财务决策方法和模型是连接决策有用信息和财务决策的纽带，反映了两者之间的逻辑关系和因果关系。财务决策方法和模型对于财务决策质量影响重大。借助深度学习算法，我们向新系统输入决策有用信息，如果其做出了正确的财务决策，我们就给做出正确决策的神经网络增强权重，反之就减少权重。这个过程就是对新系统的训练过程。在经过足够多次训练后，新系统就会总结出自己的财务决策方法和模型，在不需要人工参与的情况下做出财务决策。这些财务决策方法和模型可能有别于当前已固化的模型，相比固化模型，这些方法和模型是更加复杂的函数体系，对数据的拟合程度也更高。并且随着训练次数的增多，这些方法更加复杂，而财务决策质量也会随之不断提升。

3.财务决策的生成

当新系统收到财务决策目标时，就会启动财务决策支持程序。新系统会根据财务决策目标选取经过训练得到的财务决策方法和模型，并根据方法和模型选取决策有用信息。经过计算和分析，最终生成财务决策。

二、人工智能下财务决策支持系统实施路径构建

（一）实施环境构建

系统正常运转需要周围环境提供支持和保障。实施环境包括相关支持系统和规章制

度。支持系统为新系统正常运行提供了物质、数据和人力资源方面的保证，而配套的制度支持则明确了责任和权限，规范了新系统的应用秩序。

1.支持系统构建

（1）基础业务及财务系统构建

企业原有的业务及财务系统，比如，ERP系统、HR数据库等是新系统所需企业内部数据的重要来源。一方面，相比人工处理的数据，计算机处理的数据往往具有更高的可靠性，因此基础业务及财务系统覆盖范围越广，自动化程度越高，新系统中数据质量越高，进而为提高财务决策质量提供了保障；另一方面，基础业务及财务系统的构建使得数据导入工作可以完全由计算机进行，大大提高了数据导入的效率和效果。因而在构建新系统前，企业应先完善基础业务及财务系统构建。

（2）数据库构建

从基础数据库收集的信息在经过清洗、加工和归类整理后按主题存储于数据库中，因此数据库中存储了各层次财务决策所涉及的全部数据，可以说，数据库为财务决策提供了数据基础。企业构建一个安全可靠且容量充足的数据库是必不可少的。大型企业可以构建自己的数据库，这种数据库构建成本偏高、可拓展性较差，但是可通过内网连接，安全性有保障。企业也可以选择云端数据库，其由专门的运营商构建和维护，企业只需要支付使用费，大大节省了企业的时间成本、人力成本和财务成本。同时，其安全性近年来也在不断提高。

（3）相关人才系统构建

新系统的使用是在公司财务领域的一次变革，不仅涉及管理者传统财务决策方式的改变，也将影响到普通员工的日常工作。企业一方面应关注员工心理，通过领导带头的方式积极推进新系统构建工作；另一方面应对员工以及管理层进行必要的培训，使他们能够尽快熟悉和掌握新系统的功能和使用方法。同时，新系统的应用将会替代基层管理者完成其大部分原有工作，企业应加强对基层管理者的职业发展培训，使其掌握更高级的管理或专业技能，帮助员工提升能力从而为企业创造更大的价值。

2.相关制度支持

（1）授权制度

新系统为不同层次的管理人员提供财务分析、财务预测和财务决策支持，涵盖集团及不同级别子公司的业务及财务数据，涉及大量公司机密，因此必须对不同层次的使用者规定适当的权限，并严格禁止权限外的操作，以保护数据安全。新系统使用者的权力主要包括财务数据审阅权力、财务数据修改权力和财务决策支持权力。权限设置应与不同层次管理人员的需求相匹配。对于公开信息应赋予所有新系统使用者查阅的权限，同时根据职能层次限制数据钻取的权力，保证权限设置的目的。高层管理者应区分集团高层管理者和子公司高层管理者。集团高层管理者的财务决策需求往往关系集团整体战略，涉及集团长远发展，因此应全面掌握集团内外部信息，以保证其可以实时进行报告审批和数据查询工作，并满足其财务决策的数据需求。子公司高层管理者的数据钻取权限则受到一定限制，仅限于钻取本公司全部信息。中层管理者的财务决策需求主要涉及各部门自身发展，如控制部门成本，其数据钻取权限应限制在本部门内部信息范围内。基层管理者的需求一般涉及企业日常经营活动，如原材料补给等，因此仅应被授予与其工作需求相关的数据钻取权限。

基于反舞弊考虑，财务数据修改权力应被严格控制，并执行授权审批程序。由业务和财务系统自动生成的数据不允许进行人为修改。当人工录入的数据出现错误需要修改时，应遵从不同业务部门的审批程序，如财务数据需要修改凭证记录时，须经会计主管取消审核。其他没有修改权限的人则严格限制对新系统数据进行修改。

财务决策支持权力同样与管理者层次相匹配。禁止为管理者提供高于其所在层次的财务决策支持，以防止企业商务机密泄露。同时，财务决策报告也仅限本次财务决策支持发起人和其上级管理者查阅。在新系统下，基层管理者的财务决策需求基本可由新系统自动完成，但基层管理者仍可随时查看这些财务决策报告，以实现对新系统的监督。

（2）追责制度

企业管理层始终是财务决策的主体，财务决策支持系统为其提供辅助决策功能，以帮助其提高决策质量，但最终决定权仍掌握在决策者手中，采用新系统并不能因此减轻管理层的责任。当出现错误的财务决策时，这项决策的发起者应对其负责，并视企业遭受的损失承担相应的责任。基层管理者应负有对新系统代替其做出的财务决策进行监督的责任，因此当自动执行的财务决策出现失误时，应查明基层管理者是否尽到了监督义务，若未尽到则应由其承担失职的责任。

（二）财务决策具体定制路径

1. 常规财务决策

常规财务决策是指企业在日常生产经营活动中频繁发生的财务决策事项，如最佳库存选择、采购时点确定、应收账款催收等，这类财务决策通常属于结构化或半结构化决策。通过对新系统的训练，可以得到这类财务决策的最佳决策模型。以采购时点确定决策为例，新系统通过实时收集的业财信息，可以监控原材料的仓储量、每日生产领用情况，根据销售合同、车间生产计划书等资料可以预测未来领料量，再结合供应商规模、销售情况、地址、天气等信息可以精准计算材料到达需要的时间。当上述信息代入训练得到的决策模型中满足再订货选择条件时，新系统就会做出采购决策，并自动通知仓库等相关部门。此类决策由各部门基层管理者主导，其所在部门负责执行，所涉及的基层管理者仅需定期对决策结果进行抽查，保证系统运行的稳定性即可。

2.复杂财务决策

复杂财务决策又可称为“特殊财务决策”，指企业在日常生产经营活动中不经常涉及的财务决策。这类财务决策虽然发生的频率低，但通常影响重大，因此对财务决策的质量要求更高。这类财务决策通常不再由财务部门主导，而是由中、高级管理层，董事会或专门成立的项目组负责。这类决策可以进一步分为两种类型，一种是新系统曾训练过的财务决策，另一种是全新的财务决策。

对于未经调练过的财务决策，新系统可以根据调练得到的知识和模型得出最终决策，但为了保证每次的决策质量，在新系统做出决策后，应由负责组织对财务决策结果进行检验和评估。新系统会记录决策者对最终决策的修改，并对决策模型中的相关系数进行调整。每次的财务决策过程也是对新系统的训练，随着决策次数的增多，新系统的准确性和稳定性也会不断提高。

新系统并不是只能解决经调练的财务决策问题，对于全新的决策，新系统可以借助已有的知识和模型做出自己的推理和预测，并形成初步决策。决策者在获得财务决策结果后，可通过自然语言与新系统进行沟通，对决策条件进行补充和修正，进一步细化财务决策方案，针对部分财务决策进行深度探讨等，直至形成组织满意的决策方案。同样，在决策者对财务决策结果进行修正时，新系统会自主学习，并不断形成新的知识，优化参数设置，进而提高未来应对全新决策的能力和财务决策质量。

无论是常规财务决策还是复杂财务决策，新系统都会跟踪和记录决策执行结果。当结果符合决策目标时，相关参数会被加强；当结果出现偏差，但在企业可接受范围内时，系统会对参数进行修正；对于严重偏离决策目标的结果，新系统会分析成因，在修正模型的同时向负责部门或组织输出分析报告。

（三）财务决策评价与系统持续完善路径

1.财务决策评价原则

（1）财务决策目标匹配原则

目标是财务决策的起点。不同层次的决策者具有不同层次的财务决策目标。高层次决策者的决策目标更加侧重于企业整体发展，如并购决策、新市场开发决策等。而低层次决策者的目标往往更加具体化，如供应商选择、生产线选择等。对于不同层次的目标应匹配不同层次的财务决策方案。针对高层次的目标，财务决策方案内容涵盖范围应更广，方案分析更细致，以实现对企业整体发展的指导作用。而针对低层次的目标，方案应更具体，具体执行步骤应更明确，以方便基层执行者参照执行。

（2）财务决策方案可行原则

财务决策对企业发展的影响一方面来自决策自身质量，另一方面来自决策执行效果，尽管新系统在财务决策制定过程中已经充分考虑了企业内部资源和外部环境的影响，在决策执行之前仍应再次进行可行性评价以确保财务决策质量。财务决策可行性评价要重点关注企业当前是否具有执行方案必需的关键资源，关键资源是否可以调用，以及用于该层次的财务决策方案中是否符合成本收益原则。另外，还应关注企业外部环境是否能够满足方案实施条件，综合评估方案风险水平并确保其处于企业可接受的范围内。这个原则在决策者参与的财务决策中尤为重要，一方面是因为涉及决策者参与的财务决策往往是复杂、非程序化且十分重大的决策，这样的决策对企业发展影响更大，因而应更加谨慎；另一方面是因为管理者的能力限制和主观臆断等因素，在修改决策方案时可能无意间影响方案的可行性。

（3）财务决策过程合规原则

财务决策的程序正确是保证财务决策高质量和稳定性的一个重要保证。财务决策的制定始终遵循“提出服务决策目标—目标分解—画像—画像分解—财务预测—财务决策方案制定”的过程，省略过程中的任何一个环节，都会影响财务决策质量的稳定性，形成企业发展的隐患。新系统在每次方案制定完成后都要进行自检以保证过程的正确性。

（4）执行效果达标原则

财务决策执行效果是影响企业未来发展的另一个重要影响因素，因此在对财务决策进行事前评价之外，也要对财务决策的执行进行事中和事后评价。执行效果评价可以借助主要财务指标和业务数据与行业平均水平、行业领先水平、主要竞争者、企业历史数据以及预算数据的比较分析进行，同时也要注意收集不同层次管理人员和实际执行者的反馈意见，当涉及企业外部利益相关者时，也要及时收集他们的反馈，从而使执行效果评价更加全面客观。对企业全体员工意见的收集有利于形成全员参与企业财务决策的氛围，通过对员工积极性的调动，更有益于保证财务决策执行效果。另外，由于实际执行者往往比管理层更富有实操经验，对他们意见的收集有助于发现理论分析中忽略的问题，也能进一步评价财务决策的可行性。

（5）财务决策过程成本收益原则

数据收集越全面，财务分析越详细，财务决策的质量就越有保证，但同时进行财务决策的成本也越高。如果借助新系统进行财务决策后，财务决策制定成功带来的收益无法弥补决策成本，那么即使财务决策质量得到显著提升，新系统也会被束之高阁。财务决策过程应符合成本收益原则，对于不同重要程度的决策目标，应设置不同的精度，进行不同详略程度的财务分析和预测，从而在保证决策质量的前提下控制成本。

（6）财务决策过程高效率原则

财务决策的制定是为了更好地把握经营机会，而机会是具有时效性的，如果财务决策制定过程效率太低，以至于错过了机会，即使最终得出的方案是正确的，也失去了意义。

财务决策过程的高效率与财务决策的高质量一样重要。财务决策过程的高效率原则一方面要求新系统在进行数据运算时能够选择合适的算法，提高运算速度；另一方面同成本收益原则一样，要求对于不同重要性的决策目标控制不同的分析程度和决策精度，从而节约资源，提升决策效率。

2. 系统持续完善路径

系统持续完善伴随财务决策评价进行，财务决策评价贯穿财务决策的事前、事中和事后，并始终遵循上述六个原则。当最终决策方案制定完成后，首先进行决策过程合规性评价、目标匹配性评价和可行性评价，只有当这三个评价都达标后，才会将财务决策发布，并通知相关人员执行。在执行过程中实时收集业财数据，并开通员工意见反馈通道，收集各层级员工的反馈，同时借助官网、营销人员电话沟通等手段收集外部利益相关者的反馈，从而对财务决策的执行效果进行监督和控制，并对可行性进行二次评价，以保证企业以高效率朝着正确方向发展。在财务决策执行完毕后，最后对其综合评价，包括对财务决策制定过程的成本收益原则评价和效率评价。对于重大财务决策，可以根据管理层需求出具分析报告，报告内容可涉及财务决策制定过程、修改次数及原因分析、执行效果评价等。

在财务决策正式实施前，当对决策过程合规性评价出现问题时，应评价问题对最终财务决策目标匹配性和可行性的影响，考虑是否需要暂停财务决策的执行。同时，因为过程合规性问题的存在可能还会导致其他财务决策出现同样的失误，所以应及时分析导致问题发生的原因并进行弥补。当目标匹配性和可行性出现问题时，应立刻停止执行，并查找问题出现的原因，尤其注意该问题的出现是否还涉及过程合规性问题。只有当修改后的财务决策通过上述三个评价后才能进入执行阶段。在财务决策执行过程中，如果发现实施效果不尽如人意，应分析决策可行性是否存在问题以及企业外部环境是否出现了重大变化，并视实际情况决定是否需要暂停执行。如果可行性出现了问题，在调整现有财务决策的同时，应注意查找决策过程和可行性检验过程存在的问题。如果外部环境出现了重大变化，应及时对财务决策进行相应修正，并对新决策重新执行上述评价程序。在修改财务决策方案的同时，新系统收集错误出现的原因。通过自我学习对自然语言处理系统、财务分析和决策模型等进行调整和修正，以提高下次财务决策支持质量。

（四）人机协同实现机理

决策者是财务决策的主体，主导财务决策的进行，人工智能下的财务决策支持系统旨在为决策者提供更加智能和个性化的财务决策支持，通过实现人机协同提高财务决策质量，而非取代决策者的职能。人机协同通过充分的人机交互活动得以实现，并贯穿财务决策、方案制定和执行过程始终。

1.财务决策目标提出与分析

财务决策目标由决策者提出，是新系统开始财务决策支持的驱动力。当新系统接收到具体财务决策目标后，其自动对目标进行分析，分解出其中隐含的约束条件，整个过程不需要人工参与，由新系统自主进行。目标分析效果受到训练次数的影响，对于新出现的复杂决策，分析效果可能不够理想，因此在决策方案生成后需要决策者进行审定。

2.财务决策方案制定与反馈

财务决策方案制定与反馈由新系统主导。根据财务决策目标分析的结果，新系统自主调用企业画像，进行财务分析、财务预测和财务决策方案制定工作，并以图形、表格等多种形式输出决策方案和依据。决策者不需要参与新系统中决策的生成过程，这并不意味着决策者不参与财务决策制定，因为对于复杂或重要的财务决策，决策者应在决策结果输出后对报告进行审阅，并对自动生成的财务决策进行审定和修正。

3.财务决策方案审定与修正

财务决策方案审定与修正需要人机高度密切配合。财务决策报告包含决策过程中涉及的财务分析和财务预测数据，并可根据需要向下钻取原始数据，从而将决策思路清晰地呈现给决策者，决策者可以检查决策逻辑，并将根据自身知识和经验得出的决策与新系统的财务决策进行对比，当出现差异时，决策者可直接在系统中对决策方案进行修改，也可修正或加入新的决策约束条件，并要求新系统重新决策。审定与修正过程对于复杂或重要的财务决策是必不可少的，这一方面保证了最终财务决策的质量，另一方面也使新系统得以自主学习，提高每次决策的准确性。

4.总结与评价

总结与评价由新系统主导。对于修改后的财务决策，新系统自主对最终结果进行保存和评价，对于不符合标准的方案及时预警，提醒决策者注意；对于合格的方案则直接输出。评价过程虽由新系统主导，但仍需要企业内外部利益相关者的广泛参与。通过收集利益相关者的反馈，对财务决策制定及执行效果进行跟踪和持续改善。评价结果一方面以报告形式定期输出交由管理层审阅，另一方面用于新系统的自主学习。

第四章　信息化时代的企业财务工作

第一节　信息化时代概述

信息化时代是一个外延极为宽泛的词语，其包含信息、信息技术、信息化、科学、技术等范畴，我们必须对这些概念和范畴进行梳理，以利于更好地理解信息化时代的含义，有利于对信息化时代人的异化问题进行研究。

一、信息化时代的产生与形成

毫无疑问，人类是地球上唯一能够创造出灿烂文明的物种。但是，单纯从生物的角度来看，人类并没有什么出色的身体机能，甚至与很多其他的动物相比人类还处于劣势。例如，我们没有猎豹的速度，没有飞鸟的翅膀，也没有能在水下呼吸的鳃。然而，人类却有其他物种无法媲美的改造自然和认识自然的能力。这种能力的形成就在于，人类懂得了创造和使用工具来放大自己身体器官的机能，扭转人类在自然界中的劣势。正是人类对工具的创造与应用，才开启了人类与技术的历史。任何技术的产生，一定是为了满足人类在某方面的需求。没有人类的需求，技术是不可能被人类创造的。与此同时，技术的创造与运用并不是一蹴而就的，它是人类在已有技术改进和超越的基础之上被人类创造的，就犹如古代的人类想要翱翔蓝天，他们无论如何都不可能实现。无论一项技术还是一个技术时代，都一定是在满足了人类的内在需求和相关技术支持的基础之上，才有可能出现。也就是说，弄清楚信息化时代的形成，是对信息化时代进行全面客观研究的理论基础和逻辑前瞻。

（一）信息化时代形成的条件

1.信息化时代形成的内在条件

其实，人类社会并不是发展到了今天才开始对信息和信息技术如此青睐，信息是人类认识自然改造自然的媒介，是对物质世界的反映，它介于客观物质与主观意识之间。如果没有信息，人类就无法认识客观世界。人类对于信息的应用有着非常悠久的历史，其几乎是伴随着人类而生的。同时，在人类的发展过程中，人类又不断改进收集、加工、储存、传递信息的手段，这也就拉开了人类对信息技术改造的序幕。信息技术主要是用于管理和处理信息所采用的各种技术的总称。“信息技术”可以从广义、中义、狭义三个层面来定义。

广义而言，信息技术是指能充分利用与扩展人类信息器官功能的各种方法、工具与技能的总和。该定义强调的是从哲学上阐述信息技术与人的本质关系。

中义而言，信息技术是指对信息进行采集、传输、存储、加工、表达的各种技术之和。该定义强调的是人们对信息技术功能与过程的一般理解。

狭义而言，信息技术是指利用计算机、网络、广播电视等各种硬件设备及软件工具与科学方法，对文图声像各种信息进行获取、加工、存储、传输与使用的技术之和。该定义强调的是信息技术的现代化与高科技含量。

信息技术是不断伴随人类社会的进步而进步的，是人类社会认识外部世界的重要因素和必要条件。它是人类社会向前发展的内在需求，而且随着生产力的提高，这种需求必然更加强烈。

第二次技术革命以后，人类社会进入了电气化时代，人类社会的生产力水平有了很大的提高，同时交通工具也得到了改进。巨大的生产能力使得人类社会需要更多的原料产地和销售市场，这就对人类社会收集信息和处理、传递信息有了更高的要求；而成倍生产出的货物和纷繁复杂的交通网络，使得人类社会不得不更多地考虑对于信息的管理与存储，这就对当时已有的信息技术提出了挑战。同时，作为独立的个人来看，日新月异的外部世界为个人提供了更加丰富的信息资源，显然也就对个人应用信息的能力提出了更高的要求。也就是说，在第二次技术革命以后，无论个人还是人类社会，都对信息和信息技术提出了更高的要求。这种强烈的诉求逐渐成了信息化时代形成的内在原因。

2.信息化时代形成的外在条件

人类对于信息资源的巨大需求，以及人类对于信息技术改进的迫切愿望，构成了信息化时代形成的内在动力。具备了内在动力只能代表满足了信息化时代形成的充分条件，相关技术的突破和科学理论的提高才是信息化时代形成的必要条件。人类社会在近现代经历的三次技术革命正好为信息化时代的到来提供了技术支持和理论准备。第一次技术革命爆发于18世纪中叶，以纺织机械的改进为起点，以蒸汽机的发明与应用为标志，所以其又被称为蒸汽动力革命。这次革命使得机械动力代替了人力和畜力，将原来的工场手工业过渡为大机械生产的工业技术体系，不仅改变了工业生产部门的面貌，而且也使得科学和教育得到了发展。第二次技术革命爆发于19世纪中叶，以电力技术为主导，带动了化工、冶炼、交通、通信等多个领域的发展，所以第二次技术革命也称为“电力技术革命”。正是因为电力技术在这一次革命中得到了广泛的运用，所以人类社会进入了电气化时代，众多的科学理论有了重大突破，如电磁理论、相对论、量子力学等，这些都为信息技术的革命提供了理论支持。与此同时，一大批发明与创新，如无线通信、化工合成技术等为信息技术的革新提供了技术支持。人类历史上第三次技术革命——信息技术革命在20世纪中叶爆发，计算机技术的应用与发展使得这一技术革命有了改写历史的意义。首先，计算机的应用使得人类对于信息的处理由人工化、机械化转变成智能化，大大提高了人类对信息资源的使用效率；其次，计算机技术与通信技术的结合，使得人类有了更加安全可靠的信息传输平台，颠覆了人类对于信息资源及信息技术的传统观念。纵观这三次技术革命，它们都为信息化时代形成提供了间接或直接的技术支持，构成了信息化时代形成的外部原因。

（二）信息化时代的形成过程

显然，信息化时代的开端是第三次技术革命。但是，第三次技术革命并不是信息化时代的全部，它只能说明信息化时代的形成有了可能的技术条件。一项技术的突破，何以冠以一个时代的名称？它又带给了这个时代什么？对于这些问题的回答才是信息化时代形成的关键。

人类社会在经历了第一、第二次技术革命之后，科学理论与技术之间的关系发生了改变。在第一次技术革命过程中，人类社会主要还是依靠工艺技术的积累，科学理论滞后于生产与技术的需求。第二次技术革命与第一次技术革命有所不同，技术的革新源于科学理论的指导，科学理论成为技术革新的先导，为其提供了巨大的支持。第三次技术革命的爆发以爆发间隔时间短、发展速度快、渗透性强等为特点，这些特点说明了在第三次技术革命过程中，科学与技术的关系变成了相互促进的关系。科学理论对人类社会的技术需求给予了指导，IM（即时通讯）技术手段的改进又反过来推动着科学理论的不断进步。同时，信息技术的突破只是这一次革命的先导，随着信息技术的广泛应用，它已经引起了社会各个方面、各个领域的深刻变革。其打破了人类已有的思维范式，技术的应用与革新不再是小范围，或者说是纵向性的，它突破和改变的不再是旧有的相关技术和相关领域。这是因为信息技术的改变不仅使得人类社会掌握了更加高效的信息处理手段，也使得人类社会认识外部世界的媒介和方式发生了改变。正是这种改变，使得人类将新的信息技术应用到不同的社会领域之中；同时，这种应用也催生了各领域技术的革新，使整个人类社会进入一场变革，是对人类社会各领域技术的集群化革命。

这一系列的变化过程称为“信息化”。信息化是充分利用信息技术，开发利用信息资源，促进信息交流和知识共享，提高经济增长质量，推动经济社会发展转型的历史进程。其实不难看出，信息化事实上是指信息技术从技术革新到投入应用再到带动各领域技术革新的历史过程，它是信息技术革命与信息化时代的中间状态。信息化时代正是对人类社会信息化过程的反映。

二、信息化时代的含义及其特征

信息化时代的内涵和特征是对信息化时代的产生与形成进行的总结，是对信息时代内在属性的研究。对于信息化时代的含义及其特征的研究，是客观全面认识信息化时代的重要环节。

（一）信息化时代的含义

对于信息化时代的含义，学界并没有一个明确的定论。这一方面源于学者们对于信息化时代的研究有着不尽相同的视角和研究方法；另一方面则源于我们正处于信息化时代之中，而且信息化时代也在不断地变化发展，体现出新的特征。在综合了对信息化时代研究的基础上来看，信息化时代是人类社会继农业化时代、工业化时代之后的又一次社会转型，与农业化时代和工业化时代不同的是，信息化时代是以信息技术为先导，带动其他各种高精尖技术的应用与研发的时代。值得注意的是，信息化时代的含义并不只是对某一技术或某几项技术应用与研发的描述，更多的是对这一阶段中人类社会各领域面对技术带来的变化时的集中反映。科学技术一直以来都是人类社会取得进步的重要因素，也在一定程度上改变着整个人类社会的环境，它的改进与应用直接深刻地影响着人类社会。我们对于信息化时代的理解不可能只停留在技术层面上，而应该更多地对时代中人类的意识形态、社会环境进行了解。

综上所述，信息化时代的含义是：以信息技术的革命为先导，带动其他各项高新技术快速发展，并对人类社会产生深远影响的历史时期。信息化时代不仅是一个时间和空间的叠加，而且是对于这一时期人类社会集体意识和社会形态的描述。

（二）信息化时代的特征

信息化时代的特征是区别于其他时代的标志，是对信息化时代含义的反映。对信息化时代特征的研究，也是对信息化时代发展规律的探究。

1.智能化

这里的智能化主要是相对于工业化时代的机械化而言的，其主要体现在两个方面：一方面是知识在整个人类社会活动中贡献比例和地位的变化，另一方面体现在技术工具或技术手段的智能化。前者主要是指知识在整个人类社会活动中所起的积极作用较之其他要素要大得多，其地位也重要得多；而对于技术工具或技术手段的智能化则主要是指在生产活动或社会管理活动中，自动化控制技术、计算机技术、互联网技术的应用与发展。

2.电子化

电子化是指利用现代电子技术，以促进人类社会良性发展和人类生活水平不断提高为目的的历史进程。这里的电子技术一般分为两类：电力电子技术和信息电子技术。就现在人类社会所处的实际情况来看，这种技术主要是指信息电子技术。具体地说，就是指现代通信技术、计算机技术、网络技术等现代化高科技技术。电子化已经成为信息化时代的一大特征。

3.全球化

全球化的概念主要体现在地域和社会生活两个方面。一方面，从地域上来看，随着现代通信技术和交通工具的发展，地域之间的距离在不断缩短，人们足不出户就能通过视频见到千里之外的亲人。四通八达的交通网络把地球变成了地球村，并能使人们快速安全地迁移到世界的任何角落。另一方面，人类的社会生活也在走向全球化，国与国之间、民族与民族之间，无论是经济合作还是文化交流与认同，都变成了一种常态，国家的概念和界限已经在人们的心目中变得不是那么清晰。大多数国家的政府也在积极地参与全球化的进程，这似乎变成了一种历史潮流。

4.非群体化

非群体化是指在信息化时代，个人可以在信息技术和其他智能技术的帮助下，完成以往需要群体参与才能完成的工作。例如，以往对于信息的接收和发送需要借助系统庞大的传统媒体，而现在个人可以利用互联网技术和智能移动设备对周围发生的事情进行实时报道，人们也可以个性化地选择接收自己关心的信息。同时，对于自己的观点也可以毫不隐讳的发布，而不用再顾左右而言他。从生产方面来看，由于数控机床和自动化控制技术的发展与应用，以前需要集体完成的工作，现在只需要单人操作即可完成。

5.技术与知识更新的快速化

在信息化时代，知识与技术的更新换代速度是非常快的。信息化时代的特征表明，信息化时代是一个以信息技术、互联网技术、自动化控制技术等高新技术为主导的时代，人类社会生活有了巨大的改变。

第二节　信息化时代企业财务会计的基本前提

财务会计的基本前提是保证会计信息有效性必不可少的条件，也称为财务会计的基本假设。它是指组织和开展财务会计工作必须具备的前提条件，或者说必须首先明确和解决的基本问题。不具备这些条件，不明确和解决这些基本问题，就不能有效地开展财务会计工作。财务会计的基本前提包括会计主体、持续经营、会计期间与货币计量。

一、会计主体

会计主体是指会计信息所反映的单位，一个会计主体是编制财务会计报告的任何单位或组织。企业作为一个会计主体，应当对其本身发生的交易或事项进行会计确认、计量和报告。独立地记录和核算企业本身各项生产经营活动，而不能核算、反映企业投资者或者其他经济主体的经济活动。要进行会计工作，首先要明确解决为谁记账、算账、报账的问题。

从理论上说，会计主体的规模并没有统一的标准，可大可小。它可以是一个独立核算的经济实体，一个独立的法律个体；也可以是不进行独立核算的内部单位、班组，一个非法律个体。从财务会计的角度来看，会计主体应是一个独立核算的经济实体，特别是需要单独反映经营成果与财务状况、编制独立的财务会计报告的实体。

二、持续经营

持续经营是指作为会计主体的企业，其经营活动将按照既定的目标持续下去，在可以预见的将来，不会面临破产、进行清算。这是绝大多数企业所处的正常状况，这样的会计主体，其所有资产将按照预定的目标在正常的经营过程中被耗用或出售，它所承担的债务也将如期偿还。对于处在持续经营状态的企业，在进行会计确认、计量、记录和报告时，要采用非清算基础，要着眼于企业的可持续发展。财务会计的一系列方法都是以会计主体持续经营为前提的。例如，只有在持续经营的前提下，企业的资产才能按历史成本计价，固定资产才可以按其使用年限计提折旧。

对于处在非持续经营状态的企业，则要采用清算基础，着眼于清算资产和清算损益的核算。如果企业不具备持续经营的前提条件，而是已经或即将停止营业、进行清算，则需要处理其全部资产，清理其全部债权债务。在这种情况下，会计处理要采用清算基础。

三、会计期间

对于持续经营的企业来说，既然在可以预见的将来不会面临停业清算，企业就不能等到结束其经营活动时才去进行结算和编制财务会计报告。为了定期反映企业的财务状况和经营成果，向有关各方提供信息，需要清楚划分会计期间，即人为地把持续不断的企业生产经营活动划分为较短的经营期间。会计期间通常为一年，称为“会计年度”。从理论上来说，将会计年度的起讫日定在企业经营活动的淡季（如果有）比较适宜，因为在企业经营活动的淡季，各项会计要素的变化较小，便于对会计要素进行计量，特别是便于计算确定本会计年度的盈亏；另外，由于淡季的经济业务较少，会计人员有较为充裕的时间办理年度结算业务，便于及时编制财务会计报告。西方国家许多企业的会计年度结算口就处于营业活动的淡季。然而，将会计年度的起讫日定在营业活动的淡季也有其局限性，这主要表现在淡季资产负债表反映的年末财务状况往往缺乏代表性，如年末反映的短期偿债能力有可能比年中其他时间的结果要好。

四、货币计量

货币计量是关于会计的计量尺度的规定，货币计量是指会计主体在会计确认、计量和报告过程中选择货币作为基础进行计量，从而反映会计主体的生产经营活动。这是由货币本身的属性决定的。货币是一般等价物，是衡量一般商品价值的共同尺度，具有价值尺度、流通手段、储藏手段和支付手段等职能；而其他计量单位只能从某个侧面反映企业的生产经营情况，无法在量上进行汇总和比较，不便于会计计量和经营管理。为全面反映企业的生产经营活动和有关交易事项，会计选择货币作为基本计量单位。当然，统一采用货币计量也存在缺陷，如某些影响企业财务状况和经营成果的因素，如企业经营战略、市场竞争力等，往往难以用货币来计量，但这些信息对企业又是至关重要的，对于使用者决策也很重要。为此，企业可以在财务报告中补充披露相关非财务信息来弥补货币计量的缺陷。

五、互联网对会计基本前提的影响

传统的会计理论建立在一系列假设的基础上，当互联网走进人们的生活后，对传统的财务会计的基本前提也造成了一定影响。

（一）对会计主体的影响

互联网时代，会计主体发生了变化，很多网络公司是临时的结盟体，没有固定的形态，也没有固定的经营场所，可能几台计算机、几名工作人员就可以开展日常业务。传统的会计主体要到工商部门进行注册登记后才能合法经营，会计主体的消失也要去工商部门进行注销。有时网络公司为了完成一个共同的目标，在短时间内结合成一体，当特定的目标完成后则立即解散，对此类在未来可预见的时间内解散的公司，持续经营的基本前提就被破坏。

（二）对持续经营的影响

持续经营是指假定企业在可预见的未来持续生产经营下去，不会破产或清算。有了持续经营假设，进行资产的计价和收入配比、费用分配就有了依据。在传统会计中，企业在不能持续经营的条件下适用清算会计；而在互联网环境中，虚拟公司可能会随时终止经营，持续经营假设即不存在。在这种情况下，是适用清算会计还是使用新的理论体系是亟待研究的问题。

（三）对会计分期的影响

在互联网环境中，网络虚拟公司的一笔业务可能很快完成，也可能在网页交易结束后虚拟公司即解散。若是这种在很短的时间内就消失的虚拟公司，仍要人为地划分会计期间似乎没有多大的意义。另外，在互联网环境中，企业的会计信息可以随时进行统计和生成相应报表，对于进行会计分期也并不十分必要。

（四）对货币计量的影响

传统会计中，我国以人民币作为计量本位币，以外币为主要业务往来的可以先采用外币作为计量本位币，但编制报表时仍要折算成人民币。互联网环境突破了时间和空间的限制，不同货币之间的交易变得非常容易和频繁，同时各国货币的汇率处在不断变化之中，这时如仍以人民币作为计量本位币，会计信息收集显得十分困难。所以，在互联网环境中，很可能会出现一种公认的电子货币作为计量单位，以准确地反映企业的经营情况。

第三节　信息化时代企业财务工作的特点

一、企业成本结构发生变化

（一）传统生产制造企业的成本结构

企业总成本包括变动成本（变动费用）和固定成本（固定费用）两部分，而变动成本又包括直接材料费、销售费、变动人工费、研究开发费及其他费用等，固定成本又包括人工费、折旧费、辅助材料费、能源费（动力费）、修缮费、租赁费、管理费、办公费及其他费用。

应该说明的是，由于国家、制度和历史的原因，不同企业在成本结构的设计、科目的设置及定义上会有一定的差异，但并不影响成本分析和成本控制方法的共通性。

（二）互联网时代企业的成本结构

进入互联网时代，企业的经营方式发生了一定变化，成本结构也随之产生了一定改变。下面以电子商务营销的成本结构为例，介绍互联网时代企业的成本结构。

一般而言，企业的营销活动表现在两个方面：一方面是对内部的控制和管理，另一方面是对外部市场和客户的宣传与服务。对开展电子商务营销来说，其成本结构可以从内部和外部两个方面进行分析。

1.内部成本结构

电子商务营销能否有效实施，需要一些基本的硬件设施、管理软件和人力资源等，这些构成了企业开展电子商务营销的内部成本。

（1）硬件成本

电子商务营销离不开计算机、计算机网络和各种软件的支持。硬件设备的购置和安装费用，包括实施电子商务营销所必需的计算机辅助设备的购买开支及服务器、路由器和交换机等，都是企业开展电子商务必不可少的设备。由于这些设备的发展和更新换代十分迅速，因此硬件的投入和更新是一项经常性、长期性的投资项目。

（2）软件成本

软件成本包括系统软件部分和后期开发的应用系统的开发成本。在电子商务营销中，软件是企业成败的关键，网络硬件设备必须依靠软件开发才能发挥作用。软件开发费用包括管理软件开发费、独立域名的注册费、空间租用费和网页设计费等，这些都是企业必须投入的成本。由于软件的发展速度很快，生命周期较短，因此软件的应用成本相当昂贵。

（3）电子商务营销的运行费用

企业的电子商务网站建立后，需要及时更新网站上的信息，并对软硬件系统进行维护。企业信息技术部门需要倾注大量的精力提供系统维护、信息管理等服务，以确保对业务部门的技术支持，保证网络系统的可靠性、安全性和效益。

（4）人力资源成本

实施电子商务营销需要得到管理信息系统员的支持，同时也需要一批电子商务专业人才的参与和支持，这是电子商务营销成本的一部分，尤其是许多企业由于电子商务人才资源缺乏，就必须加强人力资源培训，这增加了员工的培训费用。大多数培训在电子商务营销实施前进行，另外还有对员工的在职培训，目的是让正在从事电子商务营销的员工进行进修和深造，以了解并学习新技术及有关标准方面的变化和进展。

2.外部成本结构

（1）推广成本

电子商务营销推广的目的是提高企业网站或网页的访问量，以达到营销目标。基于这一前提，网站的经营者应该利用因特网的特性和自己对目标市场的准确定位，让更多的潜在客户关注该网站并成为购买者。其可采用的方法包括在主要搜索引擎注册、向行业网站请求链接及交换链接，以及在访问量较大的网站中做广告，也可以通过传统媒体，如电视、报刊和户外广告等来提高知名度。随着电子商务营销进入微利时代，往往是企业销售额虽不断攀升，但企业却始终难以盈利，其重要原因就是营销推广成本居高不下。

（2）物流配送成本

电子商务营销的最终目的是为电子商务交易的最终完成提供条件，只有通过配送，才能最终使物流活动得以实现，使得交易最终完成。企业在评测企业成本时仍然必须关注配送成本。配送是按用户的订货要求，在物流据点进行分货和配货工作，并将配好的货物送交收货人的活动，它是集流通加工、整理、拣选、分类、配货、配装和运送等活动于一体的增值服务。企业的电子商务营销应该选择合理的、有盈利的配送体系，在满足特定的顾客服务水平与配送成本之间寻求平衡。

（3）售后服务成本

由于网络购物通过图片、文字等介绍商品，而非实物销售，因此消费者拿到手的商品和预期比较或多或少都会有差距；再加上一些企业之间残酷的竞争，纷纷承诺一定时间内无条件退、换货或其他售后服务，因此一般电子商务的售后服务成本比例远远高于传统零售企业。

二、运营成本降到最低

互联网时代的一个最大优势是其体现了边际成本递减原则，即网络用户资源越多，成本就越低。随着网络化程度的不断提高，互联网时代的企业财务会计作为云计算经济时代一个不可缺少的组成部分，也把这一特点发挥得淋漓尽致。随着互联网技术与手机客户端的结合，互联网企业价格优势和便利性凸显，互联网企业运营成本控制存在一定优势。

第一，互联网企业可以运用计算机将有效信息和资源整合，科学地提高管理效益和水平；同时，通过远程信息交流和沟通，大幅度节约了管理成本。

第二，运用互联网存储商品信息，建立库存系统，库存信息掌握准确。通过互联网向供应商订货，订货成本低，同时可获得最优折扣。利用互联网将采购、生产、销售等信息即时对接，有助于存货管理。在网上直接下单，完成交易迅速，减少程序，降低了采购成本。

第三，互联网企业信息传递便捷，能以低成本跨越时间和空间实现信息交换。企业运用网络优势进行直销，可以降低中间商利润分成。互联网企业相互合作，在网络平台上发布免费广告，降低了销售成本。

除此之外，企业并购时，互联网财务会计也可以有效降低企业的并购成本。

第一，凭借网络财务会计，企业财务部门可随时知晓并购对象及市场的信息，并根据新情况适时调整方案来反馈给决策者，还可借助互联网了解并购企业的业务伙伴与竞争对手信息，估算出其真正的价值，寻找合适的并购时机。

第二，降低谈判与交易成本。并购“战场”现在不仅已扩展到全国，全世界的并购热潮在网络财务的“助威”下也如火如荼的进行，以至于市场上经常出现许多“空中飞人”。网络财务可以帮助企业直接在网上与对手进行价格谈判，不仅省去路程时间，还会产生更高的效率。尤其对上市公司的并购而言，网络财务不仅适于证券市场网络交易系统的电子结算系统也使股票交易成本大大减少。

第三，互联网财务会计可以进行完善的数据分析和资本预算建模，使决策者只需点击鼠标，便能得到最优的方案。互联网财务会计使企业拥有最低的运营成本。互联网财务体系下，组织的所有信息系统不再是单独存在的，实现了企业信息的交互。财务数据能实时动态地反映组织的经营情况与经营成果，实现财务和业务的协同。互联网财务支持的协同，从内部使财务各部门的资金准备、预算控制、网上结算、网上支付等工作和业务部门工作能够同时进行，充分发挥了财务部门的反映和控制各类经济活动的职能；从外部使得企业可将处理得出的账簿报表及时推送到企业的门户网站或者送到有关部门，实现了电子询价、自主报税等工作，能够和其他工作同时完成。正是借助这种协同作用，使社会资源实现了最优化配置，将企业乃至全社会的运营成本降到了最低。

总之，互联网时代的企业财务会计能使企业降低运作成本，减少低效劳动，实现最大化的利润，同时优化了企业的财务状况，从而吸引了更多投资者与客户，使商业运营在激烈的市场体制竞争中占有优势。

三、企业财务弹性更强

财务弹性是指企业适应经济环境变化和利用投资机会的能力，具体是指公司动用闲置资金和剩余负债的能力、应对可能发生的或无法预见的紧急情况的能力，以及把握未来投资机会的能力，是公司筹资对内外环境的反应能力、适应程度及调整的余地。财务弹性这种能力来源于现金流量和支付现金需要的比较。当企业的现金流量超过支付现金的需要，有剩余现金时，企业适应性就强。通常用经营现金流量与支付要求（投资需求或承诺支付等）进行比较来衡量企业的财务弹性。互联网时代，市场变化极其迅速，企业很容易被市场淘汰，因此企业必须以更快的速度应对市场变化，财务弹性要更强。随着以客户为主导的市场环境的确立，将导致市场环境发生显著的变化，企业更容易被模仿，导致创新更快，所以企业必须快速应对市场的变化。另外，竞争节奏的加快也使产品行业的生命周期明显呈现不断缩短的趋势，并且缩短速度还在不断加快。如果企业不能持续地实现战略性创新，那么就有可能经常性卷入同质性的竞争。

较强的财务弹性可以使企业在大目标不变的情况下，坚持做好产品创新，适应市场上不确定性很高的竞争。也就是说，财务管理要考虑到一些不确定性的状况，当调整出现时，要能及时根据这种变化进行资源调整。

第四节　信息化时代下企业经营环境分析

一、政治环境

政治环境主要是指政治变革、国家法律、政府机构的政策法规及各种政治团体对企业活动采取的态度和行动，还包括一些重大的政治事件。政治环境的变化显著地影响着企业的经营行为和利益关系。一个国家或地区政治与社会稳定是大多数企业顺利进行经营活动的基本前提。

在全球新一轮科技革命和产业变革中，互联网与各领域的融合发展具有广阔前景和无限潜力，已成为不可阻挡的时代潮流，正对各国经济社会发展产生着战略性和全局性的影响。积极发挥我国互联网已经形成的比较优势，把握机遇，增强信心，加快推进“互联网+”发展，有利于重塑创新体系、激发创新活力、培育新兴业态和创新公共服务模式，对打造大众创业、万众创新和增加公共产品、公共服务“双引擎”，主动适应和引领经济发展新常态，形成经济发展新动能，实现中国经济提质增效升级具有重要意义。

二、社会环境

社会环境既包括人口、物质条件和环境污染等显而易见的因素，也包括人们生活方式等难以确定的情况，它们对企业生产经营都会产生重要影响。

（一）人口

人口是企业管理人员非常感兴趣的社会环境因素之一，人口构成了大多数产品的消费市场。总人口、人口的地理分布和密度、家庭数量、年龄构成及人口增长率对企业的生产和销售都有显著影响。例如，过去一对夫妻通常生育多个孩子，实行计划生育政策后一对夫妻只能生育一个孩子，孩子人数减少了，但独生子女人均消费却高得多，因而对相关企业的市场营销触动较大。最近几年，国家又开放了二孩、三孩政策，家长对于孩子的消费也越来越多，也进一步带动了相关市场的消费。

（二）物质条件

任何企业的生产经营活动都与一定的物质条件息息相关，因为无论制造哪种产品都需要原材料、能源和水资源等。随着工业生产活动范围的不断扩大，这些物质条件的作用也会增强。前些年人们对环境保护和治理工作意识比较淡薄，我国的生态环境遭受了很大程度的破坏；今后，管理者必须注意并预防物质条件的变化给企业生产经营带来的不利影响。

（三）生活方式

1.平台经济

平台是互联网经济时代最重要的产业组织形式。平台型企业并不生产真正有形的产品，而是通过参与动态的价值网络，为客户提供一系列创新服务，收取恰当的费用或赚取差价获得收益。这种经营模式的最大特征是有效搭建双边或多边平台，通过这一平台来连接两类或更多类型的终端顾客，让他们进行交易或者信息交换。随着互联网的渗透和应用，平台企业演化出平台经济产业已是大势所趋。

2.共享经济

在全球范围内，各种类型的共享经济模式快速发展，它们在创造着一种新的经济模式的同时，也对传统经济模式提出了挑战。关于共享经济模式的讨论已不仅限于商业和经济范畴，同时也成为许多国家政府机构新政策制定所关注的议题。

3.微经济

与其说微经济是一种经济模式，不如说其是一种在科技进步下的经济形态。微经济广义是指以最小化经营成本为目标的可以充分灵活安排产销量高低的微型企业及其生存体系；狭义则特指随着互联网的普及及网上交易平台的建立，通过网络和外包的物流系统接收小额高频订单和安排销售的网络商户。

相比传统的经济产业模式，微经济不需要复杂的企业运行体系和频繁的商务人员往来，甚至不需要车间厂房。它可以理解为脱离组织生产所创造的经济，充分的灵活性使微经济基本没有传统意义上的进入壁垒，随着广大的微经济主体进入网络商户的范畴中，它就可以出现在我们身边。当在淘宝网等购物网站上用支付宝等网上交易体系购物时，我们就不知不觉地参与到了微经济中，与微经济主体及作为第三方平台的网络共同构建了一个完整的微经济链条。目前，这些网上小额交易已成为微经济的重要组成部分。

微经济主要具有以下三个明显的特征：①不需要过多固定成本的投入；②主要通过技术创新的方式降低成本；③对市场的变化反应敏感，并能根据变化的市场需求迅速调整产品类别。微经济有助于促进产品结构的快速优化，也正因为如此，其对风险的抵抗能力会更强。其优势在金融危机中得到了充分体现，金融危机对传统零售行业的打击很大，而网络销售额却持续上升，经济收益相当可观。

微经济也并不是商业发展的终极模式。作为对传统经济模式的一种补充，微经济在一定程度上会刺激商业模式的不断改善，并且对经济社会兼容性与适应性的提升也极为有益。但是，任何事物都有两面性，微经济在迅速成长的同时，也存在着一些明显的弊端。

例如，正是由于企业规模微小及严格的成本控制，微经济主体往往不会主动进行大量的科技研发，也很少会生产、销售高附加值的产品。

4.电子商务

现今网络购物市场出现了新的特点：第一，人们更注重购物的品质，愿意为了高品质商品支付更多的金钱，如购买有机生鲜、全球优质商品等；第二，人们更关注智能产品，如智能扫地机器人、智能冰箱、智能洗衣机等商品销售量均有明显增长；第三，新产品消费迅猛，洗碗机、家用摄像头等新商品非常受现代人欢迎。

农村电商的发展也带动了中国整体的网络购物消费。另外，随着"一带一路"的顺利实施，跨境电商也带动了海外消费的能力，使我国电子商务全球化的发展越来越快。国民人均收入提升、年轻群体成为网络消费主力等也是网络购物消费升级的重要因素。

线上与线下融合更加紧密，不断向数据、技术、场景等领域深入扩展。电子商务企业正在进行全方位的探索，以期实现数据、供应链、支付、物流、门店、场景、产品等方面的整合互通和优势互补。伴随融合的不断深入，线上线下边界模糊化、零售业态碎片化、消费场景智能化的全新商业形态正在形成。以便利店为代表的线下零售业态成为市场布局热点，多家便利店企业获得巨额融资。

数据也是网络购物竞争的热点，数据已经成为互联网时代商业竞争中企业重要的无形资产和制高点。如何获取数据及界限，以及如何构建开放、公平、安全的数据信息共享机制已成为政府和企业共同面对的问题。

三、技术环境

像经济环境一样，技术环境变化对企业的生产和销售活动有直接且重大的影响，尤其是在面临原料、能源严重短缺的今天，技术往往成为决定人类命运和社会进步的关键因素。同时，技术水平及其产业化程度高低也是衡量一个国家和地区综合实力与发展水平的重要标志。财务信息的处理依靠财务系统完成，而财务系统的特定目标和功能的实现要靠一定的会计数据处理技术的运用。随着科学技术的进步，特别是计算机的出现，促使会计数据处理技术不断发展变化，其经历了从手工处理到机械处理再到计算机处理的发展过程，因而财务系统也随之经历了从手工财务系统到机械化财务系统再到电算化财务系统的发展过程。

（一）电算化财务系统

电算化财务系统就是指以计算机为主的当代电子信息处理技术为基础，充分利用电子计算机快速、准确地处理数据的特性，用计算机代替手工进行会计数据处理并部分代替人脑运用财务信息进行分析、预测和决策等的财务信息系统。

20世纪70年代末，我国财会工作者将计算机应用于会计工作，并由此提出了“会计电算化”这一具有中国特色的会计术语，其实质就是电算化财务系统。需要指出的是，当时的电算化财务系统仅仅是将人、纸质凭证、算盘等构成手工财务系统的要素改变成了人、磁介质数据、计算机等，仅仅是用计算机代替人脑的计算、存储，并没有突破财务部门内部的范围，没有实现与其他部门及企业的连接，还是一种封闭式的工作方式，信息孤岛问题较为突出。从20世纪90年代开始，一方面，计算机技术从单机逐渐向局域网及互联网方向发展；另一方面，企业已不再满足于电算化核算，而是希望进一步实现财务控制、管理和决策支持的计算机化，网络环境下的财务系统也因此应运而生。

（二）网络环境下的财务系统

网络环境下的财务系统是电算化财务系统的进一步发展，是基于电子商务背景，以网络计算技术为依托，集成先进管理思想和理念，以人为主导，充分利用计算机硬件、软件、网络基础设施和设备，进行经济业务数据的收集、传输、加工、存储、更新和维护，全面实现各项会计核算及财务管理职能的计算机系统。一方面，网络环境下的财务系统对外可安全、高效、便捷地实现电子货币支付、电子转账计算和与之相关的财务业务电子化，对内可有效地实施网络环境下的财务监控和管理系统；另一方面，网络环境下的财务系统是一个可对物流、资金流和信息流进行集成化管理的大型应用软件系统。

网络环境下的财务系统是一个人机系统，它不但需要硬件设备和软件的支持，还需要人按照一定的规程对数据进行各种操作。网络环境下的财务系统的构成要素与电算化财务系统相同，包括硬件、软件、人员、数据和规程，其只是在具体内容上更为丰富，具体如下。

1.硬件

网络环境下的财务系统主要由服务器、工作站、移动终端及其他办公设备通过网络通信设备联网组成。

2.软件

网络环境下的财务系统的硬件要发挥作用，必须有一套与硬件设备匹配的软件支持。网络环境下的财务系统的软件包括系统软件和应用软件。其中，系统软件是指管理、监控和维护计算机资源的软件，包括操作系统软件、通信软件、数据库管理软件和系统实用软件等；应用软件是指为了解决用户的实际问题而设计的软件，如通用网络环境下的财务会计软件和专用网络环境下的财务会计软件。

3.人员

网络环境下的财务系统的核心人员包括两类：一类是系统开发人员，包括系统分析员、系统设计员、系统编程和测试人员等；另一类是系统使用人员，包括系统管理员、系统维护人员及系统操作人员等。除此之外，向系统提供信息的各种人员，如供应商、客户、政府主管部门人员及分析师等也是网络环境下的财务系统不可缺少的运行要素。

4.数据

网络环境下的财务系统的数据来自企业内、外部的多个渠道，包括外部环境数据，如宏观经济数据、消费者偏好数据等；外部交易数据，即企业与其他企业或个人发生的经济业务，如采购业务和销售业务；内部业务数据，如发放工资、产成品入库等；会计核算数据，如往来业务核算、成本核算、期间费用核算等。

5.规程

网络环境下的财务系统的规程包括两大类：一类是政府的法令、条例等；另一类是维持系统正常运转所必需的各项规章制度，如岗位责任制度、操作管理制度、软硬件维护制度、安全保密制度等。

总之，对于绝大多数企业来说，注重技术环境的变化，接受和利用新技术，是认识环境、适应环境、实现可持续发展的必然要求。

第五节　信息化对企业财务工作的影响

一、互联网时代企业财务会计面临的机遇

（一）互联网推进会计服务水平升级

互联网促进社会分工，大力建设新的现代会计制度，推动会计服务现代化建设。在互联网上，会计业的现代企业制度日益丰富，传统的企业管理者和相关人士可以同时从网络上获取相关的财务信息。互联网会计为企业管理者提供了全面、及时、相关和可靠的解决方案，提高了会计服务效率。打造中国会计服务“升级版”的重点在于大力培育和发展管理会计，互联网给管理会计发展带来了新的机会。管理会计是现代企业管理的重要组成部分，对提升企业管理水平和促进企业可持续发展起着越来越重要的作用。在互联网时代，为了有效地分配资源，及时评估绩效，有必要对会计人员进行整体规划，发挥会计预测和规划作用。

在网络环境下，会计将在提高决策支持能力、降低成本和提高企业竞争力等方面发挥重要作用。互联网为会计服务的重点从财务会计向管理会计转变提供了机遇。传统会计服务只提供简单的标准化财务信息；互联网会计服务将逐步转向确保参与决策分析，创造价

值，为会计服务提供战略支持，促进会计服务的转型和完善。传统的管理会计是基于静态预算进行反馈、控制和评价的机械体系；而互联网时代的管理会计应转变成根据环境变化进行动态预测和计划，提供实时决策支持，柔性优化资源，持续改进绩效，有助于构建财务分析与预测、财务战略规划、资本市场运作、全面预算管理体系、全面风险管理、绩效管理、商业模式等专业体系，推进管理会计的转型升级。

（二）会计信息化的建设

会计信息用户的多元化是对会计信息成本的有效性、质量和控制要求更高的结果。中国在企业会计信息方面的建设刚刚开始，虽然取得了一定成效，但与国外公司相比，先进的信息技术仍然具有一定差距，这些差距将阻碍企业的发展。一般来说，这些差距主要侧重于两个方面。一方面是企业的信息化基础比较薄弱。企业在信息化建设上没有投入大量的物力、财力，没有采购先进的信息化设备，这导致信息化缺少必要的信息基础。另一方面是信息化软件不适合。企业普遍选择市面上比较常见的会计信息化软件，这些软件与企业的实际情况并不吻合。同时，在会计信息化软件的使用程度上的不足也是企业会计信息化建设的普遍现象。

随着互联网的发展，以云计算、大数据等信息技术为代表的高新技术突飞猛进地向前发展，我国企业如果想在竞争激烈的市场中占有一席之地，就要提升会计信息化。会计信息化对企业的未来发展起着日益重要的作用。为了贯彻我国国家信息化发展战略，全面推进我国会计信息化工作，财政部和国务院都针对信息化的发展提出了指导意见。在互联网的时代背景下，只有顺应网络化、信息化的发展趋势，加强会计信息化建设，满足国内外不同监管部门和会计信息使用者的需求，才能提升企业的控制力、管理能力等，使企业在整个国内国际市场的竞争中占有一席之地。

（三）互联网促进会计服务平台建设

互联网可以将互联网的创新成果与行业深度结合，增强行业的创新能力和服务能力，形成更广泛的互联网基础设施和创新要素的新兴产业。在互联网时代，建立会计服务平台是关键，政府可以通过金融服务交换的开放平台加强当地金融交易平台的建设，为企业和管理人员提供大量数据，提供广泛的服务。在互联网时代，创业企业有机会引进金融服务交换平台并获得技术支持。地区的金融服务交换平台中的数据是基于信息技术、云计算和金融业务流程处理的大型数据，可以优化企业组织结构，提高流程效率，降低运营成本。

在互联网时代，企业通过财务共享服务平台来强化内部控制、降低风险、提高效率，实现“协同业务、集中管理”，建立财务共享服务的信息平台，让企业把数据导入系统，做到事前提示、事中控制、事后评价。可以在平台上建立财务模板，尽可能取消人工作业，让业务数据自动生成有用的财务信息；可以运用标准化系统执行各项业务，减少偏差及各业务单元可能的暗箱操作，降低各种风险；可以通过设置让系统自动提示例外和预警；可以利用系统的开放性建立各数据共享接口和平台，满足各方不同需求；可以通过系统定期生成按会计准则要求的财务报表及按管理要求的会计报表等。集团公司可以利用财务共享服务平台的资源加强对下属机构的财务监控，利用先进的信息技术和网络技术，通过网络环境下的财务会计软件，使得集中式管理成为可能。信息共享服务平台的建设和完善是实现会计服务转型升级的关键环节。

当今社会，已经有很多企业开始运用共享服务，利用互联网的优势提高企业效率、准确性和有效性，为企业吸引更多新的客户及更多的业务提供了基础。

（四）互联网改善会计服务资源配置

互联网在提高社会生产效率和资源配置效益，以及改变人类生活方式等方面正发挥着不可逆转的巨大作用。互联网技术催生新的增值服务，改变会计服务业价值链的价值分布。在互联网时代，互联网的互通互联让会计服务资源能够有机会流动起来，解决会计服务资源闲置问题。在互联网时代，会计人员可在一个开放的会计网络平台上处理各项财务会计事项，从根本上改变过去会计人员独立和封闭的工作单元，可进行网上编制财务报表、财务审批、在线更新财务制度、在线服务支持、在线资金调度、在线咨询等。在这种情况下，会计服务实行众包模式就成为可能。众包是互联网环境下的一种重要生产组织方式，它通过有效利用资源的闲置产能，有效配置资源，形成一种分散而又分享的经济形态。

（五）互联网实现全流程会计服务

企业内部的业务流程很多，如以购销链为主的物流、以生产管理为主的信息流、以财务资源为主的资金流。传统的会计服务基于对资金流的分析，提出改进管理的意见和建议，无法保证财务与业务步调一致；互联网时代，企业会计能将信息流、物流、资金流有机地融为一体，贯穿从用户需求分析、服务准备到服务改进的整个业务流程，从而提供无缝衔接的全流程服务。企业会计人员可以通过构筑电子商务信息平台、连接智能物流骨干网和金融服务平台，并以其大数据平台为支撑，成功实现信息流、物流、资金流“三流合一”的全流程服务。

在互联网时代，企业会计人员可以及时取得企业内部和外部的相关数据，对生产、经营和销售过程进行深入的挖掘，并进行多维度的分析，进行定量和定性判断，适时调整计划、方案，规避经营和财务风险。在信息流、物流、资金流管理过程中，数据越来越细，对于每个用户、产品、技术、流程都要求有数据记录和分析。在互联网时代，企业存储大量用户数据，用户对产品和技术要求的数据都有详细记载，记录了市场对产品和技术的各种反馈数据，所以可以对每个用户、每件产品和技术进行深入的挖掘和分析，企业可以制定精细化的产品营销策略。在互联网时代，无论宏观还是微观分析预测，无论概率、趋势，都会有相应的数据支撑，而企业的数据分析是判断、多角度发现问题和提出成熟解决方案的基础，有了数据分析，即可改进信息流、物流和资金流管理。

（六）互联网优化会计服务企业布局

在互联网时代，互联网促进各地资源对接，推动会计服务全国一体化发展。在全国东西部经济发展不平衡的条件下，我国会计服务业发展也呈现割裂的状态，往往是东部地区会计服务企业多、从业人员素质高和业务快速发展，而中西部地区会计服务企业少、从业人员素质低和业务发展缓慢，存在严重的不平衡现象。但是，随着中西部地区互联网普及率的提升和物流基础设施的完善，中西部地区同样能享受到东部地区高水平的会计服务。从会计服务企业的布局上看，大部分会计服务企业选址在大城市或者其周边地区，包括北京、上海、广州、深圳、大连、成都和武汉。这些城市凭借良好的互联网基础设施和会计人才资源禀赋，分别在业务先进性、行业代表性、服务辐射性、规模增长性四个方面呈现出各自的特色。

互联网助力会计服务业企业实施国际化战略，一点接入、服务全球。移动互联网的快速发展拉近了世界各国之间的距离，近到只有“一键之遥”，为会计服务企业国际化经营提供了不可或缺的便利条件。很多会计服务企业利用移动互联网开启了“走出去”的新征程。可以认为，移动互联网扩大了会计服务的全球竞争版图，将助推会计服务业加强国际化布局。会计服务企业一方面要把握移动互联网带来的会计服务国际化的机遇，学习、掌握国际会计服务的相关规则和互联网应用技术，在会计服务工作中应用大数据、云计算等手段，借助信息新工具，更高效地履行会计服务、决策咨询、辅助管理等职能；另一方面要适应互联网带来的业务延伸新挑战，加强国际化能力的全方位锻造，服务企业“走出去”，承接境外企业会计外包等新业务。随着国内大型会计服务企业全球化发展，这些企业势必将承担对国外企业的会计服务，能够支持不同国家语言和会计政策的会计服务解决方案将赢得外国企业的青睐。

（七）互联网改变会计服务监管模式

现行对会计服务业的监管实行的是分业监管的政府管理体制，会计记账由财政部门管理，税务代理由税务部门监管，证券咨询服务由证券管理机构管理，统计资料提交由统计管理部门核定资格，注册登记由工商行政管理部门管理，这会造成“信息孤岛”，增加社会管理成本。互联网时代为建立庞大的会计服务平台提供了可能，加剧了会计服务实行综合服务的趋势，也对会计服务行业当前的分业监管提出了挑战。为此，会计服务行业一方面要消除信息障碍，数出一门，让数据发挥更大价值，综合利用数据；另一方面，政府部门要进一步简政放权，让市场自由选择，充分发挥市场主体和中介的作用。互联网时代，实行适合会计综合服务的混业监管模式，不仅能提高管理效率、降低行政管理成本和社会成本，更重要的是，会激发会计服务内容、管理模式乃至管理思维的不断创新。

会计服务业的综合服务是大势所趋，跨市场、跨行业的会计服务层出不穷，现有的分业监管体制越来越不适应当下会计服务业发展的需求。未来的监管模式通过建立会计服务业的社会组织提升行业自律，制定行业的公约或者标准等，这些行业规范具有一定的约束力，但又不能靠国家强制力来实施。会计服务业的行业公约或标准是行业的规范过程，是监管领域的基础性工作，先从企业标准规范上升到行业标准规范，在这个基础上，政府监管部门对行业的公约或标准进行广泛调研，得到行业的认可，最终将其转化成为法律。这是自下而上的自觉提炼、发现规则，与自上而下的沟通协商、修改完善规则的良性互动过程，而不是简单地将监管机构的意志变成监管规则，后者容易受到行业组织的抵制而引发一定冲突。这样就形成了有弹性的互动机制，这种互动机制对整个社会的良性运行和制度规范的优化有极大的益处。

（八）引导财务会计转型

在互联网的影响下，信息的传递速度、共享性使企业对会计信息的要求越发严格，而传统的会计工作已经无法满足这些要求。随着“互联网+”时代云计算、大数据、移动互联网等新技术的广泛应用和快速发展，会计的管理功能终于得到重视。会计人员的会计工作时间相对减少，从而使会计人员将更多的时间用于企业经济效益的管理；会计职能与会计管理职能明确区分，财务会计正逐步向管理会计转型。会计工作逐步将重心从外部利益相关者转移到内部经营效益的服务中来，更多地关注企业决策、预测、财务筹划等工作，为企业的发展提供数据支撑。这种转型体现在以下三个方面。

1. 由“事后算账”转向“事前预测、事中控制”

传统的会计工作就是将数据汇总，做凭证、报表，不会考虑为企业带来什么利益。在互联网时代，新兴技术的运用促进了核算时间的缩短，加强了对各种会计信息的分析，这些分析可以在业务开展前及企业决策中作为辅助数据为决策的制定提供帮助。现代会计应将数据的分析和评价作为主要工作内容，主动提供数据支撑，在企业利润增长和重大决策、未来发展中积极参与和讨论，及时提供帮助。

2. 由“静态控制”转向“动态控制”

传统的会计工作受到技术和人员素质的诸多限制，一般都是进行静态预算、反馈、预测及控制。这种方式不能保证数据的实时性和准确性，不利于企业对数据的正确理解和把握，财务作为企业的重要部门，更无法为企业的长久发展指出正确的方向。在互联网时代，在全新的互联网工具及新型业务管理模式下，财务部门与各业务部门可以无障碍沟通，提高信息的准确性和及时性，使得财务人员能够更加容易地参与到企业活动及决策中去，有效控制企业内部管理，并且在企业经营的全过程中，根据不同的状况进行适当的调整，剔除企业可能发生的风险、损失，将企业的成本控制在合理范围内，尽可能使企业的经营利润保持稳步增长。

3.由“部分控制”转向“全面控制”

利用互联网，财务部门与其他部门可以做到无障碍沟通，信息共享，即财务信息反映的不再是不完整、不全面的企业经营数据，而是将企业部门的数据融入财务数据当中，使财务数据更加全面、具体。各部门也能根据财务数据了解业务情况，与预期进行对比，并能利用数据制订下一步计划。财务部门与其他业务部门的完美衔接，促进了数据从片面到全面、从简单到复杂，使财务部门从部分控制转向全面控制。

我国的企业为适应市场竞争，不断尝试新的管理方式，试图采用互联网思维会计。该方式需要根据所处环境进行质的改变，通过信息技术等方式，根据市场环境的变化对会计信息适时进行预测、计划，为企业的战略提供正确的数据支持。

二、互联网时代企业财务会计面临的挑战

互联网的迅猛发展和“互联网+”的出现影响着各个行业，其中就包括会计行业。经济的稳定对于企业乃至全世界都是至关重要的，而财务部门作为企业经营情况的主要提供部门，作为保证企业正常运行、为企业提供重要数据的部门，在互联网的大背景下，其工作烦琐、效率低、成本高、缺乏与部门的沟通等一系列问题显露了出来。长此以往，会计工作的数据不能全面地反映企业的经营状况，无法给企业的发展提供有力的数据支撑，不利于开展企业的经营活动。在互联网的影响下，财务工作受到的影响及面临的挑战会对未来企业的经济活动产生重大影响。企业的管理人员要转变思维理念，学习用互联网思维改变工作现状。

（一）互联网环境下对会计管理职能有了新的要求

互联网的出现改变了传统会计行业的运行方式和思维理念，会计信息的传递效率和收集整理的速度都有了显著的提升。在互联网环境下，会计工作有了新的特点，包括实时性、同步性、针对性及多样性等。这些特点的出现，为传统会计管理模式和会计实务提供了新的思维方式和理念导向，并且有助于会计管理职能的转变。

在互联网环境下，影响企业财务工作最重要的内容是会计职能。在互联网作用下，企业更加重视对数据的吸收，以便应对瞬息万变的经济环境。随着信息量的迅速增加，数据的需求速度日益增大，对数据的核对、整理的工作量非常大，这对会计人员来说压力巨

大。会计人员每天在面对大量的会计数据时，为了数据的准确性，需要投入大量的人力、物力和财力，从而使财务人员只能集中于核算工作，而疏于管理、预测和监督工作。这会导致信息使用者对财务信息的理解是片面性、不充足的，不利于企业的决策制定和长久发展。

互联网时代，如何利用互联网使会计人员核算工作在不影响准确性和效率性的情况下，在互联网的作用下，利用云计算、大数据等一些新兴技术，使会计工作在面对信息的收集、整理和分类时更加从容，工作方式更加快捷，是否能将会计工作人员的工作逐渐转向管理，是财务会计在互联网的大背景下需要认真考虑的。对会计管理职能的改变应该建立在互联网的基础上，利用新兴技术和互联网思维对概念模式、思维模式、理论设计模式等有一个新的认识之后，应在原有管理职能的基础上进行变革和升华。

（二）会计信息使用者的多样化对会计信息提出了新要求

互联网时代，会计信息使用者呈现多样化的特点，可以是公司领导、各部门人员、与公司有合作的其他公司、潜在的客户、政府等。他们从各自的角度出发，要求会计信息更加及时、准确和全面，以便他们对企业的整体经营状况有正确的了解，并能为其经济行为提供参考。

具体来说，在互联网形态下，信息技术的不断变化和提升，使企业在面对复杂多变的市场时更加谨慎，经济情况也更加难以预料，而互联网的发展加剧了市场经济竞争。在这种情况下，企业需要获得财务信息支持的意愿与日俱增。财务部门在面对不同会计信息使用者时，需要提供的不再仅仅是三张会计报表，而是要从各个维度分析企业经营业绩的管理报告。在编制时间上，将传统的等时间段报告体系改成适时报告，根据需要随时提供会计资料；在编制内容上，可以根据不同的用户需求提供多元的会计信息，以支持管理层决策，满足外部各方需要；在报表传送方式上，可利用现代化的网络技术传送会计报表，做到及时、准确。

不同的企业对会计信息具有不同的要求。对于一个大型集团企业来说，其置身于竞争压力巨大的环境下，信息的时效性、准确性都将决定集团在竞争中是否存在优势，是否能获得其他企业的信任和认同；而中小企业在信息大爆炸时代，掌握有利信息，对信息正确处理、分析，有利于中小企业在整个经济市场的活动中灵活、迅速地运用信息，抓住社会需求来创造新的产品。无论大企业还是中小企业的会计信息使用者，其都要求会计信息的提供速度要更加及时，有实时性。企业在经营活动中对管理要求更加合理，对成本的把控也愈加严格，对信息质量的要求需要更加精确。企业的管理者要求把握全局以实现自身利益的最大化，因此对于信息范围要求更加全面。

（三）互联网对传统会计业务操作模式的新要求

现代社会是网络的世界，人们的生活离不开互联网。无论上班时还是在路上，互联网、移动互联网都无所不在。现代会计工作早已过了拨算盘、纸上记账的时代，传统会计日常业务就是进行工作量巨大的核算工作，同时要做账，月底出报表，这种业务是基于静态的财务会计管理模式，只对现有的数据进行归纳总结，而很少分析和评价数据反映出的未来经济动向；而在互联网时代，会计业务工作除了基本的账务处理外，重点是利用互联网的大数据和云计算功能，利用互联网思维对各类会计信息进行技术性的分析、比较和汇总，从而真正发挥出会计的分析预测、管理评价、规划发展等动态业务功能。

第五章　财务会计的管理与控制

第一节　财务会计内部控制

内部控制是企业实现可持续发展的基础，是管理效率和生产效率的保证，能保证企业资产安全和保证会计信息质量。内部控制处于企业中枢神经系统的重要位置，是企业生产经营活动自我调节和自我制约的内在机制。不断完善企业内部控制制度并最大限度地发挥其作用，对于增强企业在市场竞争中的生存能力和适应能力具有重要意义。在我国的资本市场开始实施全方位对外开放的大背景下，企业面临着很多机会，同时也伴随着更多的竞争风险。企业要在变化莫测、充满风险的经济环境中生存和发展，离不开完善的内部控制制度。内部控制制度作为一种先进的组织管理制度，已经成为现代企业管理的重要组成部分。内部控制在追求价值最大化的现代企业生产经营活动中的作用越来越突出，其执行的好坏更是直接影响企业目标的实现。

内控作为十分重要的内容，影响着企业管理质量的提高，对于保护企业资产安全有着重要作用。因此，企业必须重视和加强内控工作，对现有内控机制进行完善和优化，以便更好地规避风险，推动企业长效发展。有效且稳健运行的内部控制同样可以保证执行过程中的质量，那么可以合理地推断内部控制也应该对会计信息披露的质量产生一定的影响。合理的公司治理就是要能够平衡与约束各级权力机构之间的利益和行为，而运行稳健的内部控制在保证这样平衡的实现过程中发挥了重要的作用。由此可知，公司治理机制可以影响内部控制进而影响会计信息披露的质量，内部控制也可以反过来影响公司治理水平而对会计信息披露的质量产生影响，内部控制与公司治理不仅彼此关联而且互相区分，有必要将两者的嵌合效应纳入同一研究框架中以分析两者的嵌合效应是否对会计信息披露的质量产生影响。

一、内部控制的相关界定

（一）内部控制

了解什么是内部控制，可以从内部控制的历史发展过程中寻找答案。在企业刚刚诞生的时候，社会的科技发展水平和企业生产规模都还比较低，所有者需要关注的就是防止企业的权力集中在个别管理者手中从而使自己的财富被无声无息地偷窃掉。因此，早期的内部控制阶段称为“内部牵制阶段”，主要是保持企业内部各岗位可以起到相互监督、相互约束的状态。随着社会生产力和企业规模的不断扩大，企业之间的竞争也开始加剧，所有者关注的重心开始发生变化，不再局限于对企业管理者与员工的牵制，而是关注如何通过内部控制的革新在保证内部监督有效的前提下，促进企业经营业绩的提升。此时，内部控制进入制度阶段。

内部控制是一套管理体系，是企业为了实现一系列经营管理目标而采取的各种方法、手段与措施的总称。而制定和实施这一系列措施的主体是企业法人，包括企业的各级员工，他们有权对内部控制的制定和执行提出相应的要求；内部控制的客体则包括企业内部的全体员工，也包括企业的各种经济业务活动、资产和负债、各种数据信息等。企业通过内部控制的实施来保证企业经营过程中的合法性和有效性，通过达到内部控制的目标使得企业的经营目标和战略目标得以实现。

（二）内部审计

所谓“内部审计”就是基于企业组织内部，服务于企业管理部门的一种独立监测、评价活动。尤其是相对于外部审计工作而言，内部审计更加及时，设计范围更广，目标更加明确，程序也更加简单，这是因为企业的内部审计部门本身就是企业的一个部门，因此可以直接参与到企业的重大决策会议和企业的日常经营活动之中，所以和短短数日的外部审计工作相比，内部审计工作贯穿于企业的所有经营管理活动之中，也能够及时地发现企业存在的问题，与相关部门进行沟通并采取有效的解决措施。因为企业内部审计工作贯穿于企业，涉及企业所有的经营管理活动，且作为企业的一个职能部门，往往是企业管理者让审计人员做什么，审计人员就要审计什么，也就决定了审计人员比外部审计拥有更为充裕的时间，审计设计范围也更加宽泛。与外部审计相比，企业内部审计的目标更加明确，这是因为内部审计其本身就是为了保护企业资产，保护所有者权益而出现的，所以内部审计的全部工作重心都放在经营风险、经济效益上，所以其目标十分明确。

相较于外部审计较为复杂的审计流程而言，内部审计程序更为简单，具体可以归纳为四个步骤，即计划制订、计划实施、得出结论、后续审计。在计划制订阶段，企业内部审计人员主要是根据上半年发现的问题，结合管理层执行本年度工作重点加以制定审计方案，获得上级管理部门批准以后方可执行；在计划实施阶段，主要是结合日常工作，有针对性地予以开展审计工作；在得出结论阶段，所出具的审计结论将会为企业领导决策提供重要依据；在后续审计阶段，如若对审计结论有异议，可及时向审计部门提出，可给予跟踪式的整改，调整审计结论。

二、内部控制的主要目标

（一）资金管理目标

市场经济的迅速发展不仅给企业带来了各种机遇，而且也带来了很多挑战。其中最为重要、不能忽视的便是企业的资金管理问题，一个企业生存发展最基本的问题是保证企业在激烈的市场竞争中生存下来，并快速发展的基础。一个健康的企业必须有一个健康的资金链条和一系列资金管理的方法程序，完整的资金管理体系是企业资金链安全的基础，是企业稳定发展的前提，更是企业提升其综合实力的保证。现代化的企业不仅要在产品上进行创新，提升其市场竞争力，更要在管理方法和模式上进行创新，保证企业发展的基础，资金管理体系的发展便是在这样一个思想下形成的。

为了使企业发展得更加稳定、快速，必须加强企业资金方面的管理。首先，必须明确管理的重点内容，以及对岗位的情况进行明确，对于管理过程中的一些独立工作要进行分开处理，这样能够使财务工作人员明确自身的责任，使财务管理向着精细化方向发展，从而提高企业资金的支出。其次，对于财务工作的授权，企业管理者必须进行相应规定的制定，这样能够保证企业资金在使用过程中更加完善，保证每笔资金都能够用到真正的地方，为企业创造更大的经济效益。此外，企业还需要对财务管理中的一些原始凭证进行妥善保管，建立一套完善的监督体系，这能够帮助财务人员及时地发现存在的问题，并且通过有效的方法进行解决，防止出现严重的侵占行为。企业在进行清点盘查的工作过程中，在进行资金清查的时候，运用合理的管理办法可以提高资金的管控水平。

（二）预算管理目标

财务预算管理是一个综合性的财务计划，其集企业计划、经营以及协调与评价等为一体。具体而言，有关企业资本性投资方案的评价及其计划被称为资本预算；预计和估算企业的收入、利润以及费用便是企业的经营预算；而以资本预算和经营预算为基础和前提，对一定期间内的损益和现金流量所做出的具体安排则是财务预算。财务预算管理对企业的发展至关重要，但是中小企业，由于过于重视对眼前利润的追求，忽视了企业长远发展战略的制定，导致财务预算管理工作未得到应有的重视。预算管理对企业发展的重要性不言而喻，尤其是对中小企业来说，由于其规模较小，做好预算管理对于企业资金的流动影响极大。换言之，中小企业的预算管理工作，对企业的稳健发展，从一定程度上说，具有决定性的作用。因此，必须全面加强中小企业的预算管理工作，为企业的发展做好准备工作。

企业在进行资金预算管理工作中，要完成好执行管理工作，对相关的责任制度进行完善。在确定领导人员职责的前提下，进行权力管理活动等，对资金支出的规模进行分析，提高资金预算执行检查管理工作的力度，及时地指出资金预算超支的情况，运用有效的办法进行解决。并且，企业还应进行预算预警管理工作，在对制度进行完善的前提下，采取预算限额的办法，对超出预算等情况进行及时的预警工作。此外，我们在企业财务管理中，对于绩效预算的管理需要制定完善的考核机制，从而提高进行绩效预算时的准确性。另外，对企业大数据的管理，对一些信息及时地进行明确，找出存在的问题，并且运用妥善的方法进行改善。

（三）采购管理目标

进入21世纪以来，我国社会经济飞速发展，同时我国企业也越来越多，企业之间的竞争力更加激烈。要想企业在同领域市场竞争中占有一席之地，获取更大的经济利益，就要不断加大企业物品采购管理力度，使企业材料成本不断下降的同时还要使企业正常供给得到保障，进而不断推动企业进一步发展。企业物资采购管理在整个企业经营过程中占据着关键地位，不断加大对物资采购每个步骤的管理力度从而使企业采购质量得到保障，进而购买相对质量好的产品，还可以在完成采购任务的基础上使采购成本得到合理管控；以企业生产经营为依据，按时、按量选购符合企业标准的产品从而使企业生产需求物资得到保障，并促进企业生产顺利进行。随着现在社会竞争日益激烈，企业只有将自身的物资购买管理水平不断提升，才能促进企业获取更大的经济利益，并促进其在同领域中取得良好的发展。

首先，对于需要企业预先进行采购或付款时，管理人员必须先对市场经济发展进行研究，保证每一项业务都能够符合企业发展，并且对于需要进行采购的物品要进行明确的内容申请与审批，只有经过管理者同意后才能够进行采购。其次，对于企业财务管理工作需要进行重点验收，当采购工作完成后需要会计人员对物品进行统一清理，并严格地进行检查，从而保证采购物品的质量。最后，企业需要进行付款时，首先要根据相关管理者的授权审批，对付款环节进行严格的管理，从而帮助财务会计人员提高货款的审批效率，并提高资金审批的控制能力。

随着我国社会经济的进一步发展，企业市场竞争力也越来越激烈，每个企业在整个发展过程中都要开展物资购买管理工作。因此，企业物资采购人员必须以物资采购管理体制标准为基础进行物资采购，从而使企业成本不断降低，并购买质量合格的原料，进而使企业获取更多的经济利益。

三、内部控制的管理方法

（一）内部控制的实施主体

1.治理层

治理层主要包括董事会、监事会的人员。一个良好的董事会，必须首先是大投资者、小投资者以及不同利益相关者的利益平衡机构。因为只有多元代表参与，民主董事会才能保证是良性的，从而保证在董事会内部不会出现不受制约的情况。对于小投资者来说，需要多元利益群体的代表参与公司决策。要解决新的经济条件下企业面临的纷繁复杂的社会责任，也即利益相关者利益诉求问题，必须更多地从公司治理层入手，寻求利益相关者对公司治理的有效参与，构筑利益相关者共同治理的制度和机制。公司治理强调的利益相关者参与是一种主动的、事前的、较高层次的行为，其目的在于通过不同利益相关者的治理行为降低代理成本、合理分配企业租金，从而最大化企业全部资源投入者的利益。

治理层是控制环境的主要因素，企业治理结构包括多种控制环境因素。从治理层的角度看，公司治理模式是指在一定外部环境下为解决公司治理问题所采取的一系列制度和手段的统称。治理层不仅仅包括董事会、监事会，还包括对企业内部控制环境进行监督和指导的其他机制。治理层对内部控制的监督和指导属于内部控制环境因素，是内部控制的重要组成，也是奠定内部控制与其他要素建立联系的基础。加强董事会和监事会对内部控制的监督作用，将有利于公司治理水平的提升，也将使资源配置得到高效率的发挥，也是提高企业治理效率的有效举措。企业内部控制与治理是从两个不同的层面对企业进行有效管理，治理层对内部控制的监督属于内部控制的环境要素，而内部控制是企业董事会、经理层和其他员工为达到生产经营效果可靠性等目的的合理保证。内部控制与治理相互制约、相互促进，在企业的发展战略实现中有着重要作用。

2.管理层

当前我国经济正处于转型期，在去产能、去库存、稳增长的过程中，企业的生存发展面临着前所未有的挑战。随着宏观经济环境的变化和产业结构的不断调整，企业在经济新常态的背景下如何实现可持续发展显得尤为重要。而内部控制作为维持正常生产经营，防范风险的主要手段不仅影响着企业当前的经营状况，还与未来的发展前景息息相关。由于企业内部控制的固有局限，当出现管理层舞弊和管理层凌驾等内在控制失效情形时，会在一定程度上影响企业的可持续发展能力。

在企业所有权与经营控制权分离的今天，管理层对企业的生产经营管理等各方面拥有决定权，同样影响着企业日常的经营管理活动甚至未来的发展。管理层是企业科层组织的主要构成，它是企业管理的组织架构，包含高管、中层管理者和基层管理者。在投资者单边治理环境下，管理层与投资者间是委托代理关系，是投资者的代理人；在管理层中的高管单边治理或者与其他的内部利益相关者共同治理环境下，高管成为自己或者自己和共同内部利益相关者的代理人，从而身兼治理层和管理层的双重身份。权力是管理层实现自身意愿的基础，是对企业业务决策以及业务执行产生的影响力。一般是当企业内部治理机制出现漏洞并且企业缺乏外部制度环境约束时，管理层对其特定控制权职责以外的范围所表现出的影响力。

3.作业层

作业层指具体的作业执行层，是具体接触企业外部利益相关者的岗位和人员。处于这一层级的通常是普通员工，他们的具体作业过程，会接触到身处企业内部和外部的不同外部利益相关者，可以说他们是企业社会责任履行的具体执行者和直接操作者，同时他们对于作业过程中的社会责任履行过程也可以起到自我控制和交叉控制的作用。

在某种意义上，企业社会责任内部控制分别是治理层、管理层、作业层的治理工具、管理工具和作业工具，是各个层次众多工具中的一个，可以用来为实现各个层级社会责任管理绩效提供合理保证。需要说明的是，对于企业社会责任内部控制的执行主体。例如，管理层和作业层的员工，如果他们本身也是外部利益相关者，那么他们将既是企业社会责任内部控制执行主体，也是某些企业社会责任的履行对象。

（二）内部控制的实施策略

1.提升内部控制意识

企业内部控制环境的一项重要组成部分就是内部控制意识，拥有良好的企业内部控制意识是企业内部控制制度得以贯彻和实施的重要基础。加强内部控制意识要从国家、企业和员工三个方面着手。从国家层面来讲，政府相关职能部门要认识到企业内部控制意识的重要性，充分发挥政府部门的主导作用，完善企业内部控制的法律法规，为企业的发展营造良好的环境。从企业层面来讲，在遵守国家相关法律法规的前提下，积极建立和完善相应的内部控制制度和体系，保证内部控制的顺利执行。企业内部控制的好与坏，依赖于企业员工的自我内部控制意识，在这个环节，企业的管理层起到的是引导作用。因此企业要加强这方面的培训，增强员工对内部控制意识的认识。

在当前社会的大环境下，领导层的内部控制意识至关重要，如果从管理层就没有做好，那么会影响到企业内部控制的实施效率和效果，虽然说企业员工的意识形态也很重要，但是作为企业的管理层是没办法逃避这种责任的。只有增强管理层的内部控制意识，提升管理层的素质，才能使企业内部控制得到有效的运行。企业要加强企业文化建设，要经常组织员工进行培训学习，通过教育的方式让员工内部控制的意识不断增强。领导的职能就是要说服、引导员工，使他们竭尽全力为企业做出贡献。

2.丰富企业环境建设

企业控制环境是指对建立加强或削弱特定政策、秩序及其效率产生影响的各种因素，包括董事会、企业管理者的素质及管理哲学、企业文化、组织结构与权责分派体系、信息系统、人力资源政策及实务等。企业控制环境是一种氛围，塑造企业文化影响企业员工的控制意识，影响企业内部各成员实施控制的自觉性，决定其他控制要素能否发挥作用。控制环境直接影响到企业内部控制的贯彻和执行以及企业经营目标及整体战略目标的实现。

3.完善内部审计机制

企业应当根据自身的实际情况和内部控制的相关要求建立内部审计部门，完善内部审计机制，确定相应部门及相关人员的职责权限，确保内部审计部门及人员具备相应的独立性、良好的职业操守和专业胜任能力。企业的内部审计部门要定期或不定期地对企业的内部控制系统进行审计监督与评估，对主要风险的监督评审应当是企业日常活动中不可或缺的一部分。对于内部审计中发现的内控存在的缺陷和漏洞要及时上报给企业相关领导，并向存在内部控制缺陷和漏洞的单位下发整改通知书，要求他们限期整改，确保内部控制体系有效运行。

4.控制自我评估

控制自我评估，意指每个企业不定期或定期地对自己的内部控制系统进行有效性及实施效率效果的评估，以期能更好地达成内部控制的目标。控制自我评估可由管理部门和职员共同进行，用结构化的方法开展评估活动，密切关注业务的过程和控制的成效，目的是使人们了解缺陷的位置以及可能引致的后果，然后采取行动进行改进。

5.加强信息流动沟通

企业信息系统不仅处理企业内部所产生的信息，同时也处理与外部事项、活动及环境有关的信息。企业的信息系统既是企业控制环境建设的一个重要方面，也是企业内部控制的一项因素。良好的信息系统有助于提高内部控制的效率和效果，企业必须按某种形式及在某个时间内，辨别取得适当的信息，并加以沟通，使员工顺利履行其职责。良好的信息系统能确保组织中的每个人均清楚地知道其承担的特定职责。每个员工都必须了解内部控制制度的有关方面，这些方面如何生效以及其在控制制度中所扮演的角色，所担负的责任以及所负责的活动，怎样与他人工作发生关联等。员工知道企业期望他们做出哪些行为，哪种行为被接受，哪种行为不被接受，员工还须知道在其执行职责时，一旦有了非预期的事发生，除了要注意事项本身外，还应注意导致该事项发生的原因。良好的信息沟通系统不仅要有向下沟通的管道，更重要的还应有向上的、横向的以及对外界的信息沟通管道。企业会计信息系统能提供成本、生产、营运、库存等信息，是企业信息系统中最为重要的组成部分，因此必须加强会计系统及其他方面的信息沟通体系建设。

企业需要积极地建立企业的内部信息沟通系统，也就是在进行财务管理的时候，可以实现信息之间的有效沟通和传递，这就需要建立完善的信息处理系统，这样才能够实现财务信息在企业之间的有效流转，进而实现企业的信息安全。例如，企业可以建立网上的信息查询系统，这样就能够十分及时地完成当前各项信息的查询，防止出现信息之间的缺失和不对称性。同时，企业的治理层也需要积极地宣传和引导，让整个企业的管理层树立良好的风险控制意识，进而得到有效的内部控制。所以，信息的内部沟通是进行企业内部控制建设的关键一步。

6.健全内部控制制度

建立健全科学合理的内部控制制度离不开科学完善的理论体系。内控设计有三大原则：信息化原则、系统性原则、标准化原则。企业的管理过程就是信息的一种传递过程，从制度上有效使用信息资源，保证信息沟通，并及时地反馈。遵循系统化的原则进行内部控制设计，控制制度的主体可以由企业内部人员来完成，也可以聘请外部专家来参与设计。企业人员自行设计应该在企业领导层管理部门的监督下完成。由企业人员自行设计的优点是了解企业的实际情况，了解企业的背景，能够节约设计时间和成本。外界的专家受过专门的训练，有专业的知识技能，经验也比较丰富，并且能从客观的角度和立场上不受约束地进行。但是最好的设计方式是两者结合，内部人员和外部专家共同协作来完成，能够扬长避短，相辅相成。

内部控制的设计步骤要从了解企业背景、主要业务的调查入手，分析其中的问题，提出结论与建议，再拟订一个制度来实验，确定最终的方案。了解企业的背景，可以从企业的历史概况、主要的经营业务、组织的状况、固定资产状况、财务状况、重要的契约与其他情况等进行；主要业务调查的内容，可以从销售方式、结算方式、采用何种交货方式、有无委托代销的产品、销售有无正式的合同契约等进行。通过了解与调查分析之后，再提出可行性建议。

与企业价值内部控制相似，企业社会责任内部控制的范围是广泛的，大到整体，小到个体或事件，涵盖了业务控制中社会责任事项的各方面因素，亦关注某项特定社会责任事件的控制。要实现对企业社会责任从战略实施到执行再到具体操作的有效管理和控制，企业社会责任内部控制实施主体必定是广泛而全面，覆盖到企业的各个部门和每个员工，贯穿治理层、管理层和作业层的控制层级。

四、内部控制的发展趋势

（一）传统理论实现变革

传统内部控制理论的基本原则是：控制的目的是要使一切都在管理人员的掌握之中，所有的生产经营活动都有条不紊地进行，要实现每个人和每一物在恰当的时间处在恰当的位置上。在这一思想的指导下，设计内部控制的管理人员必须事先预计到各种可能性，规定每个人在所有可能的情况下应当履行的职责、程序和手续，并据此制定政策。但在知识经济的今天，影响企业经营的环境不仅日益复杂，而且越来越不稳定，其变化不仅无法控制，而且难以预测；多样化的顾客需求和频繁变化的市场要求企业活动的内容与方式应及时调整。这些应对环境变化的适时调整是难以从历史经验中找到现成答案的。因此，未来的内部控制应着眼于增强企业的应变能力和学习能力，实行权变控制和分权控制。

（二）知识经济地位凸显

知识经济是以知识为基础的经济，是与农业经济、工业经济相对应的一个概念。工业化、信息化和知识化是现代化发展的三个阶段。教育和研究开发是知识经济的主要部门，高素质的人力资源是重要的资源。知识经济时代，会计主体面临的经济环境更加复杂、动荡，对传统会计持续经营假设也提出了严峻的挑战。在知识经济时代，会计主体面临竞争日趋激烈、风险日益增大的经济环境，具体表现为：商品价格、利率和汇率变动剧烈，反复无常；知识和技术的飞速发展，使得产品和设备会很快过时，所占有的市场或边际利润会在顷刻间被竞争对手抢走，产品寿命周期大大缩短；各种复杂的金融业务和金融创新工具的大量涌现，使金融市场更加变幻莫测，波动频繁；而电子货币的广泛使用使资金流动轻型化、交易手段多样化，电子贸易更使买卖双方足不出户就可以顺利交易；一家企业瞬间成立，也能瞬间解散，在这样的风险环境下，企业随时都有倒闭的可能。因此，传统会计的持续经营假设不适应知识经济对会计提出的要求。

（三）持续监控开始实施

只有当控制的程序步骤确定无疑时，对内部控制进行连续监控才是有意义的。员工的工作更多地表现为对知识的利用和创新，它存在于人的头脑之中，是一种抽象的思维过程，没有统一的外在内容和形式，不可能完全按照内部控制的程序进行活动，因此无法对其进行统一管理。同时，企业员工特别是高层管理人员对工作环境有更高的要求，他们不喜欢受到束缚或管制，倾向于更宽松和更有自主权的工作方式，因而不宜采取类似于工业经济时代对作业的每个步骤进行严密控制的方法。注重对工作绩效进行评价成为可行的控制方式，定期检查绩效评估的标准是否仍然有效，也就成为对内部控制进行监督的最好方式。

第二节　财务会计电算化管理

随着以计算机为主的当代电子技术和信息技术在会计实务中的应用，诸如记账、算账、报账、查账以及部分需由人脑完成的对会计信息的统计分析、判断乃至提供决策的过程越来越多地由计算机代替人工来完成。随着社会的不断进步，不少中小型企业都面临着机遇和挑战，在这种情况下，充分发挥会计电算化在企业财务管理中的作用，建设与完善中小企业的财务制度对企业的发展起到至关重要的作用。企业之间在规模、资金、质量、技术、信息等方面展开了激烈的竞争，在这些竞争中，信息技术的竞争已成为企业间综合实力竞争的重要内容。信息化水平越来越被人们所关注，它能够体现一家企业甚至一个国家的国际化水准和全面能力。会计电算化相较于手工记账，不仅缩短了财会人员的劳动时间，提高了工作效率，而且为后期诸多检查和核算工作提供了方便。促进财务管理的电算化，可以提高企业的经济效益。

会计电算化是以电子计算机为基础的当代电子技术和信息技术应用到会计实务中的简称，是一个应用电子计算机实现的会计信息系统。它实现了数据处理的自动化，使传统的手工会计信息系统发展演变为电算化会计信息系统。会计电算化是会计发展史上的一次重大革命，它不仅是会计发展的需要，而且是经济和科技对会计工作提出的要求。我国的会计电算化事业有了较快的发展，由于会计电算化具有能减轻财务人员的劳动强度、提高工作效率、提高会计核算质量及促进会计工作规范化等优点，使用会计软件进行会计核算的企业越来越多。实施会计电算化是一项复杂的系统工程，它包括制定规划、配置设备、改善办公环境、建立会计信息系统、培训人员、订立制度等诸多内容，各个环节相互关联，循序渐进。只有采用系统工程的方法与原理去组织实施，才能保证工作的顺利进行。

一、会计电算化的相关界定

（一）计算机软件

计算机软件是指计算机系统中的程序及其文档，程序是计算任务的处理对象和处理规则的描述；文档是为了便于了解程序所需的阐明性资料。程序必须装入机器内部才能工作，文档一般是给人看的，不一定装入机器。软件是一系列按照特定顺序组织的计算机数据和指令的集合。一般来说软件被划分为编程语言、系统软件、应用软件和介于这两者之间的中间件。其中系统软件为计算机使用提供最基本的功能，但是并不针对某一特定应用领域。而应用软件则恰好相反，不同的应用软件根据用户和所服务的领域提供不同的功能。软件并不只是包括可以在计算机上运行的计算机程序，与这些计算机程序相关的文档，一般也被认为是软件的一部分。简单地说，软件就是程序加文档的集合体。软件被应用于世界的各个领域，对人们的生活和工作都产生了深远的影响。

计算机软件技术主要是在计算机中对软件进行应用的一项技术。这项技术在研发过程中需要掌握两点：一个是如何对相应的支撑体系进行优化，另一个是用相对应的方法进行开发研究。计算机软件系统在运营过程中形成了模型体系，这种模型体系主要分为应用软件、支撑软件与系统软件。计算机软件技术主要是对软件进行操作的一项技术。主要研究内容分为两个方面：一是怎样优化相应支撑体系；二是对相应的方法手段进行开发探索。计算机软件系统是可运营的一种系统，已经形成了层次分明的模型体系。软件大多存在人们的脑袋里或纸面上，它的正确与否，是好是坏，一直要到在机器上运行才能知道，这就给设计、生产和管理带来许多困难。软件是开发，是人的智力的高度发挥，不是传统意义上的硬件制造。尽管软件开发与硬件制造之间有许多共同点，但这两种活动是根本不同的。

（二）会计电算化

会计电算化也叫“计算机会计”，就是利用会计软件，指挥在各种计算机设备替代手工完成或在手工下很难完成的会计工作过程。会计电算化是以电子计算机为主的当代电子技术和信息技术应用到会计实务中的简称。会计电算化是指用计算机代替传统会计记账、算账的工作，同时利用电子信息技术，对会计数据进行有效分析，从而进行财务预测、计划、控制等工作的过程。

会计电算化免去了传统会计核算中大量的手工计算填制工作，不仅提高了效率，也节约了人工；同时，还可以快捷地分析财务数据，帮助企业管理人员合理地规划运用资金，有效节约成本和费用，最终提高经济效益。

会计电算化的目的是利用现代化的电子计算机工作取代传统的手工记账、算账及报账和部分代替人脑完成对会计信息的分析、预测、决策。它使会计人员从繁重的手工劳动中解脱出来，节约了大量的人力、物力和时间，提高了会计工作效率和质量。同时改变了会计方式、数据处理程序和方法，扩大了会计信息领域，提高了会计信息质量，改变了会计内部控制和审计的方法与技术。数据处理人机结合，系统内部控制程序化、复杂化，增加了系统的预测和决策功能，使会计工作标准化、规范化，也有利于企业的现代化管理。

会计电算化系统是通过利用先进的计算机技术，加工会计数据，提供会计信息的系统。一般把各种原始会计资料称为“会计数据”。各种进入会计信息系统中的各种原始凭证是会计数据的载体。会计电算化系统通过对会计数据进行采集输入、加工处理、存储、传输、输出将这些会计数据转化为会计信息。这些会计信息为企业经营管理提供决策依据。会计电算化业务过程主要包括采购与付款、生产与转换、销售与收款、人力、财务等循环，利用会计核算软件完成凭证录入、审核、修改、查询、记账和结账工作。首先，对原始凭证的录入应选择凭证类型，输入制单日期，凭证按月、分凭证类型自动持续编号；然后依次输入附件张数、摘要、会计科目、帮助核算信息、金额等；最后，对凭证进行审核后可以进行记账、查询、结账等工作。

（三）企业信息化

信息化的时代给我们的生活提供了很多便利，影响着我们的学习和工作，在一定程度上作用于我们的生活方式。比如晨起锻炼时的手机闹铃，到我们工作时用的打卡机，再到我们可以随时支付的地铁票，生活中应用的信息技术产品非常多。在学生上学的时候，可以通过信息化多媒体教学和互联网教学的手段，提高学生的学习兴趣。尤其是在企业信息化管理的过程中，其发展为我们的工作提供了很多发展空间和助力，在企业进行财务管理时，信息化技术的应用显得尤为重要。

信息化的发展日新月异，它从工业化的阶段发展而来，标志着新的发展阶段的到来。企业信息化分为基层含义，首先是数据方面信息化，企业将企业信息进行存档，形成原始库存信息，将所有的采购凭证进行数据化的管理，将其录入计算机，以数字化的形式进行保存。在进行查阅的时候，可以随时进行调取，这种信息化的流程将通过软件的形式进行记录，使流程所涉及的部门工作更加的有序和规范。这样一来，减少了人为管理的流程，使客户合理的要求得到满足。同时，通过对原始数据进行加工，将企业的物流、现金流等汇集成为一定的模式，用于企业的决策，将相应的管理信息进行总结和企业整体规划，对企业的良性发展起着重要的作用。财务管理对企业的发展起着举足轻重的作用，企业资金流转和管理以及整个经济活动，都需要财务管理，企业资金的活动方向都是由财务进行分配的，从生产销售到经营管理每一笔重要的输出资金或者回笼资金都与财务有着密切的关系。

二、会计电算化的价值体现

（一）提升会计工作效率

会计工作是企业经济管理中不可缺少的一项重要工作，企业单位在确定应采用的会计工作组织形式时，既要考虑能正确、及时地反映企业单位的经济活动情况，又要注意简化核算手续，提高工作效率。企业会计工作效率对于企业的运作来说，极为重要。实现电算化后，只要将记账凭证输入计算机，大量的数据计算、分类、存储、传输等工作都可由计算机自动完成，从而可以把财会人员从繁杂的手工记账、算账、报账中解脱出来。由于计算机的速度和准确度都是极高的，因此大大提高了会计工作的效率，同时也可为管理人员提供全面、及时、准确的会计信息。另外，在查阅时，还可以归类，打印查询结果。会计电算化的这些突出优势将会计人员从传统烦琐的记账、算账、报账程序中解放出来，提供的会计信息更加准确可靠，大大提高了会计工作效率。对于会计凭证的正确性，传统会计主要从摘要内容、单价、金额、会计科目等项目来审核；对账户的正确性一般从日记账、明细账、总账三套账的相互核对来验证。此外还通过账证相符、账账相符、账实相符等内部控制方式来保证数据的正确性。

通过种种会计程序，企业财务会计为企业提供一些实用全面的辅助信息，进而在企业进行正确的决策经营管理时起到有益作用，最终可以有效提高企业的社会效益和经济效益，促进企业的长久健康发展。但通过分析目前企业内部的财务会计工作效率，发现还有很多不足。会计电算化的产生与出现，很好地克服了这种不足。对于账册核对，电算化会计已由计算机代替传统会计中的人工核对；电算化会计中更多的是利用电算化系统建立各种辅助账来反映和控制经济活动。对于账簿记录的错误，一般规定，凡是已经审核过的数据不得更改。如果出现错误，则采用输入更正凭证的方法加以更正，以便留下更改的痕迹。

（二）转变会计工作职能

从核算原则角度看，传统会计的首要原则是实际成本，即企业应把每项资产的价格记为当时获取资产的价格，尽管物价会有变动，但会计准则不允许调整实际成本。实际成本原则不仅是传统会计的首要原则，还是其他会计原则的基础，有利于维护会计信息的真实有效性。但随着信息时代的发展，会计工作将面临很多难题，如无形资产的剧增。因为无形资产在市场中价格非常不稳定，所以传统的实际成本无法继续记录信息。传统会计的重要原则之一是权责发生制原则，它是会计权责发生变动的时间，此时核算企业损益情况。但该项信息无法体现出现金流量的信息，随着电子商务的发展，权责发生制已经无法满足企业的需求。大多数企业的财务会计在工作职能的分工上并不十分合理，要么是财务部门和其他部门的工作职能会出现重叠，要么就是两者之间存在遗漏的地方。有一些财务工作，各个部门都在做，浪费了人力和物力。而还有一些财务工作，并没有一个部门在负责。这样就会影响财务会计的正常运作，并且影响整个企业的运营和发展。

首先，从数据处理角度看，会计电算化不再使用传统的收集信息的方法，不需要原始凭证、审核记账凭证等凭证，更不需要员工手动记录信息，而是直接选用语音或键盘的方式录入信息，自动形成记账凭证。此外还可以利用远程等方式收集信息，输入数据，提高办事效率。其次，会计电算化不再使用传统的数据处理方式。不需要聘用专门的员工处理数据，不担心由于信息量大发生纰漏等问题，更不需要对账单进行定期核算。会计电算化都可以利用计算机处理这些事情，且可以大大提高数据的准确度。最后，会计电算化不再选用人工审核的审核方式，而是利用计算机处理，这可以大大提高准确率，不再受财会人员自身素质的影响。

（三）规范财务工作过程

财务工作的规范化是企业生产经营成果的重要保障，只有合理地规范财务管理工作，才能保证企业真实经济业务的记录，根据《企业会计制度》和《企业会计准则》的规定并出具符合企业实际情况的财务报表，给企业管理层提供准确的财务数据，因此在财务工作中规范化地对财务原始数据进行账务处理是很有必要的，不容忽视。由于企业决策者在进行财务决策时，大多本着经验主义和本本主义，没有切实考虑到企业实际情况，导致错误决策的执行。目前，我国的会计制度与国际会计惯例逐渐接轨，但在会计工作中仍然存在着许多弊端，会计基础工作存在一些薄弱环节，这些弊端影响了会计工作秩序的正常运行和会计职能作用的有效发挥，也在一定程度上干扰了社会经济秩序，对各单位的经营管理产生了极为严重的消极影响。

财务基础工作在规范方面主要存在着以下的问题。首先，对于原始凭证的填写与制作规范力度不够，所涉及内容不够完整。较为普遍存在的一点就是外单位所获取的原始凭证上缺少填制单位的公章证明；发票接受单位、数量单价金额、填制单位、填制日期、凭证附件等基本要素填写不齐全。其次，财务核算资料的规范性力度不够。在部分企业中，往往把进料发票当作货物入库的单据，从而省略了填写入库单这一环节；在物品出库的时候省略了出库单这一环节，只是简单地记载相应的数量和价钱等信息。如此一来必然会造成材料核算工作过程混乱，不够规范，所得到的核算效果也就不理想。最后，会计科目设置不全或者科目使用不正确，对新出台的会计法规及新的核算要求不学习，用过去的模式进行财务处理，科目使用随意，前后不一致，导致数据缺乏可比性。过分依赖计算机，对计算机形成的账务及报表不进行核对和数据分析。由于在电子计算机应用中，对会计数据有一定的规范化要求，从而在很大程度上解决了手工操作不规范、易出错等一系列问题，使会计工作标准化、制度化、规范化，使会计工作的质量得到进一步保证。

企业在进行电算化工作时，一定要有可行的程序和准确的评估。企业可先实现账务处理、报表编制、应收应付账款核算、工资核算等工作电算化，然后再进一步实现财务分析和财务管理工作电算化。在技术上，最初可先采用微机单机运行，然后再慢慢地实现网络技术化。当然，会计电算化也会给企业管理带来一定的影响。目前在我国实行会计电算化的企业普遍存在着重视报账功能却忽视管理功能的现象，所以企业要实施会计电算化，就一定要建立一套与之相配套的一系列内部控制制度，这样才能充分发挥会计电算化对加强财务管理的作用。在我国，专业的会计人员既要掌握一定会计专业知识，又要掌握相关的计算机信息技术知识，所以，企业为了自身的发展，必须让会计人员自觉加强对会计专业知识以及计算机信息技术知识的学习，只有会计从业人员掌握相关的技术知识，才会更有利于企业向前发展，有利于企业的管理创新，从而促进社会的发展进步。

三、财务会计电算化的操作流程

（一）财务会计电算化的操作步骤

1. 总体规划制定

制定会计电算化总体规划需要遵循一定的原则，基于这些原则基础上的规划才是合理的、有效的。首先，应该遵循整体性原则。整体性原则是解决企业管理信息系统与会计信息系统及其各功能模块间关系的基本准则。其次，阶段性原则。在制定总体方案的基础上确立分段实施目标，对每阶段的任务、目标做出明确的规定。再次，可行性原则。制定会计电算化发展规划要从企业的客观需要和实际可能性出发，使会计信息系统与企业的管理信息系统、管理模式相适应。最后，就是领导负责原则。会计电算化的实施要由企业单位的领导亲自参与进来，组织全公司的部门统一协调统筹过程中可能出现的各种问题。总体规划的主要内容包括：制定企业会计电算化工作目标、确定会计信息系统的总体结构、选择电算化会计信息系统建立的途径、电算化信息系统硬件与软件的配置、确定会计电算化实现的步骤、确定会计电算化工作管理体制和机构、制订专业人员的培训和配备计划、费用预算等。

2. 系统软件配置

对于不同的群体，会计软件的获取方式也是不同的。对于中小企业，一般可以通过采用购买商品化会计软件就可以初步建立起自己的会计信息系统；对于大型企业，往往会先选购会计软件，然后对其进行二次开发来满足企业会计核算和经济管理的需要；对于小型企业，可以通过互联网直接访问网络财务公司的网络在线电算化会计信息服务系统，通过在线方式建立起自己的会计系统。上述只是一般规律，具体情况仍需结合企业自身，虽然不同规模企业配置的方法不同，但是它们都需要遵循共同的原则。

3. 岗位人员培训

目前看来，电算化培训主要分为正规教育和在职短期培训两大种类。正规教育就是指高等院校、中等职业院校开设会计电算化专业和课程，使学生通过一段时间的正规教育，学习计算机知识、处理数据知识、程序设计与软件操作等方面的知识。通过此种培训培养出来的是从事会计电算化的应用型人才，专业性很强。但是这种培训不适用于在职的或者是从事会计行业多年的会计工作人员。我国会计电算化教育缺乏一个总体的思路和设想，会计电算化人才的缺乏，在某种程度上仍然成为当前制约会计电算化事业进一步发展的关键因素，所以，需要大力培养会计电算化人才。多年来，相关部门除了在全国开展大规模会计电算化人才的培训外，还着重加强了对会计电算化人才在校培养的重视。从会计电算化培养的目标来看，会计电算化人才具有层次性，会计电算化的教学目标应该是培养出既懂得计算机技术又具备会计理论和业务知识的不同层次的应用型、理论型、创造型的复合型人才。

（二）财务会计电算化的岗位职责

1.维护财务部门运转

负责制定并不断完善企业的财务制度、规定与办法，并向企业相关人员解释相关的财务制度，保证企业人员明白相关财务的流程与手续。组织财会部门的工作，落实财务部门的人员分工与岗位职责，协调本部人员与其他部门人员的工作，贯彻落实国家相关会计法律规定和企业的财务规章制度，协调人员工作并监督财务工作的执行，防范和制止违法乱纪情况的发生。定期组织财务部门员工进行财产清查，对企业的现金、银行存款与存货定期进行盘点，核对财物是否相符；保管公司财务章。对企业的财务报表、报告的真实性、准确性进行监督。财务主管应负责组织、协调会计电算化工作。根据企业需要制定会计电算化发展规划。选定会计核算软件，合理配置硬件设备。按照上级有关规定，结合企业实际，制定会计电算化制度及管理措施。负责制定会计电算化岗位职责、明确权限；负责组织会计人员电算化知识学习与培训，提高会计电算化水平；负责会计电算化工作检查，保证会计电算化工作的正常运转。

2.参与经营计划制订

经营计划是指在经营决策基础上，根据经营目标对企业的生产经营活动和所需要的各项资源，从时间和空间上进行具体统筹安排所形成的计划体系。事实上，经营计划是企业围绕市场，为实现自身经营目标而进行的具体规划、安排和组织实施的一系列管理活动。企业经营计划是企业经营活动的先导，并始终贯穿于企业经营活动的全过程。这一点中包括年度预决算方案、资金使用和调度计划、费用开支计划、筹融资计划、利润分配方案、弥补亏损方案等，参与企业资金的使用和调度、贷款担保、对外投资、产权转让、资产重组等重大决策活动。财务总监通过列席董事会和总经理办公会，参与制订有关企业经营的重大计划、方案。关于企业资金的使用，要结合企业实际，根据企业规模的大小，制订联签额度，在金额起点以上与企业负责人实行联签；对于贷款担保，对外投资产权转让、资产重组、不良资产的处理等事项，无论金额大小一律实行联签。财务总监认为联签事项依据不足，要做出书面说明，并请企业负责人责成有关部门补齐依据后再联签。

3.合理控制企业资金

在现代企业的经营管理中，财务主管的职责不仅需要管理好财务部门，还需要参加企业的经营决策，参与重要的经济合同和经济协议，并主持和制定相应的财务指标来对部门及员工的绩效进行考核。通过对财务信息进行进一步的提取分析，提供经济预测和企业财务资金预测是财务主管进行决策支持的一个重要表现。在传统的财务观念中，财务主管主要保证企业能够筹集到资金，不会过多关注企业的盈余资金，而在现代财务管理理念中，企业的盈余资金也是获得股东权益的方式。为此，财务主管需要掌握公司的资金结存状况以及市场上有价证券等短期投资的市场变动，编制长短期资金的筹集、偿还计划以及盈余资金的投资计划。

四、财务会计电算化的管理办法

（一）财务会计电算化的管理策略

1.加强知识技能培训

理论知识是指概括性强、抽象度高的知识体系。理论知识不是分散的、零星的知识，不是个别性的、具体性的知识，而是系统的、有普遍意义的知识。理论知识中往往包含了一般知识和专业知识。培训是一种有组织的知识传递、技能传递、标准传递、信息传递、信念传递、管理训诫行为。目前国内培训以技能传递为主，时间则侧重上岗前，也有部分为在岗时。会计电算化的人才缺乏，是制约会计电算化发展的关键因素。要提高会计人员计算机业务素质，必须大力加强人才培训的力度，提高会计人员综合素质。在培训的内容上要切合工作实际的需要，及时更新培训内容，完善会计人员会计电算化结构体系。对会计人员、系统维护人员、系统管理人员应按不同内容、不同要求进行培训。培养会计电算化骨干力量，建立良好的培训机制，落实培训效果，造就一大批既能够精通计算机信息技术，又专于财务管理知识，能够熟练地进行财务信息的加工和分析，满足各方对财务信息需求的综合型人才，为促进会计电算化的顺利发展打下良好的基础。

在实际会计电算化培训中，由于时间、场地和会计人员素质所限，培训内容往往注重财务软件的操作流程和操作方法，对电算化会计信息系统的基本理论不做讲解；忽略了对计算机基础知识和应用知识的介绍，从而造成会计人员对电算化会计信息系统认识模糊，不能了解系统的全貌，自然更谈不上对软件功能的全面深入应用；有的会计人员仅能操作财务软件，对其他应用软件一无所知，不能充分发挥计算机在提高会计工作效率和质量方面的作用，因而要加强知识技能培训工作。

2.监督管理制度完善

会计电算化的发展使得会计人员的工作任务得以减轻，从烦琐的核算与报账转化为电子化的工作，但是在会计电算化实施的过程中很多部门却只是注重报账，轻视甚至是忽略了会计电算化的管理作用。制定严格的机构和人员岗位管理制度、系统操作的各项制度和相应的控制措施、健全档案管理制度，对各类操作人员必须制定岗位责任制，重点工作岗位必须实现职权分离，有效地限制和及时发现错误违法行为，杜绝舞弊现象发生。对于系统操作环境，必须制定一套完整而严格的操作规定。操作规定应明确职责、操作程序和注意事项，形成一套电算化系统文件和具有可操作性的管理规范。同时建立健全档案管理制度，这些档案主要是指各种账簿、报表、凭证和其他会计资料等。系统开发时就要对这些资料进行不同的存档和安全保管、保密工作。档案管理一般通过制定与实施严格的档案管理制度来实现。虽然会计的发展已经取得了一定的成就，从过去的核算型逐步迈向管理型，但是，所使用的模型与管理的发展需求并不相符。因此，要充分地利用会计电算化的特长，使得管理能够进一步发展，一定要将其融入信息管理体系，提升会计电算化的功能，使得管理方面的模块能够有所增加。

3.提升会计软件的安全性

为了保证会计信息的准确性、保密性等，建立一套完善的操作环境和软件系统是非常必要的，不仅能保证会计人员独立行使自己的权限，同时也达到了会计内部监控的目的。会计系统软件开发前，相关人员需进行市场调研，然后以相关法律准则为指导，分析研究各应用软件板块的兼容性、统一性，使各种业务之间能相互衔接，最大化地满足用户需求。开发完成后，还要进行系统调试，试运行一段时间后再完全交由企业使用。信息时代已经到来，互联网已成为人们获取信息的重要途径，信息化的普及程度和应用水平高低已经成为衡量经济发展和综合竞争力的重要指标。软件的使用大大地提高了信息化的普及程度。

当前会计软件虽然已开始从核算模型过渡到管理型，充分发挥了会计电算化的优势，但是为了企业管理服务，包括管理信息系统，提高会计软件功能，企业必须注意建设管理功能模块。管理的主要模块包括财务指标分析和评价。建立财务指标分析系统，可以根据计划和实际或连续几次实现的对比分析，揭示其变化趋势。另外，软件在功能完善的基础之上，安全性也要有一定的提升。财务数据关系企业的机密，在一定程度上来说它也关系到企业生存与发展，因此财务数据保密就显得尤为重要。但是，当前的很多软件都是针对适应财务制度和改善会计功能等方面进行研究，却很少有进行数据保密的研究。加强会计软件的安全性是企业的首要任务。

4.完善会计档案制度

会计工作是经济管理的一部分，其是一项细致严密的工作。任何一个企事业每天都要发生频繁的经济活动和财务收支，会计以货币为计量单位，真实地、连续地记录和反映从凭证到账簿再到报表这些经济活动发生的过程。电算化会计档案是这一过程的再现，它为经济管理提供数据资料，综合反映已发生或完成的各项经济活动，以便于相关人员了解并考核经济活动的过程和结果，为事后考察某个会计事项做书面证明，提供原始数据。增强电算化会计档案管理意识，完善硬件设施建设，科学界定电算化会计档案资料的范围，建立健全电算化会计档案管理制度，编制电算化会计档案管理专用软件，加强会计档案工作队伍的建设，是完善电算化会计档案管理的有效措施。针对电算化会计档案必须借助于特定的环境才能再现的特点，在进行管理时必须注意组织力量编写一套电算化会计档案管理软件，以便对往年资料进行管理；同时利用电算化会计档案处理方便、快捷、直观，对管理和决策支持性好的特点，利用保存完好的各个时期的数据，进行财务分析和预测，为企业的经营管理和事业的发展服务。

（二）未来财务会计电算化的发展展望

1.行业规范提升

随着我国会计电算化技术越发成熟，各个企业引入会计电算化的门槛也会大大降低。与此同时，我国也将加快对于这一领域的规范，相信在不久的将来就会出台会计电算化领域的行业标准，我国的会计电算化也将真正实现行业的标准化，会计电算化也将真正得到普及。这是因为：行业标准化后无论会计数据格式还是系统接口都得到了统一，企业间的会计数据共享也将不再有隔阂，会计电算化的优势得以体现，引入这一技术将是大势所趋。同时由于会计电算化技术的成熟，小型企业只需要套用大企业的成功系统即可，省去了开发系统的成本也避免了开发风险，会计电算化因此也可以实现全规模企业的普及。而标准化的会计电算化系统更便于与外国会计电算化系统互通，同时也可以实现我国会计电算化的国际化。

2.审查功能完善

未来会计电算化系统会加强内部的审查功能，系统将在目前的基础上引入审查模块，对于每一次数据的变动进行记录备案，杜绝会计人员擅自篡改会计数据的现象。由于会计电算化模式下数据量过于庞大，因此未来也需要开发一款专业的审计软件进行会计电算化的审计工作。除此之外，会计电算化系统还需要加强自身的安全性能。首先需要设立防火墙，防止黑客攻击及计算机病毒对于系统的破坏，同时也需要提高信息提取难度，防止会计人员轻易获取数据导致数据的纰漏。随着网络技术的不断发展，未来在会计电算化中还可以引入云存储科技，这样不仅进一步提升了数据的安全性，也可以存储更多的数据并且提升数据查询及提取的效率。

3.决策效果明显

不同于目前我国会计工作只注重财务领域的现状，未来会计工作将在企业日常运行中承担更多的职责，尤其是在决策中发挥重要作用。因此，未来在会计电算化系统中还会集成更多的功能。例如，对于企业生产运行状态信息的获取与监控、对于市场走向的分析与预测以及企业决策的辅助预测等。这样利用会计电算化系统可以实现对于企业管理的优化，而会计电算化也会逐渐转变成对于企业进行整体管理的系统，进而实现企业全信息的电算化。

第三节 财务会计人员管理

一、财务会计人员的素质要求

（一）职业道德

职业道德是指诚实、守信、谨慎、踏实。无论哪个行业，都需要员工具有良好的职业道德，在具体落实各项工作的过程中，才能端正态度、规范行为，按照工作要求良好地执行，降低犯错的可能性。从我国会计行业发展来看，虽然会计行业发展时间较长，但是行业内缺乏完善的会计内部控制系统对会计工作人员的工作行为予以严格的控制，因此素质较低的会计人员容易受到不良诱惑或未能正确对待工作，致使会计工作存在漏洞或问题，这将会给企业财务带来一定损失。由此看来，要想保证企业财会工作质量，应当注意聘用职业道德较高的会计人员，同时在日常工作中培养会计人员的职业道德，以便其能够高质高效地完成岗位工作。

会计职业道德是实现会计目标的重要保证。为会计信息使用者提供准确的会计信息数据，是会计的最终目标，也是会计工作的终极目标。但是如果这个过程没有一定的行为标准，会计从业者提供了虚假的会计信息、虚假的会计报表，导致会计目标与实际情况背道而驰，影响了企业的决策，对企业造成不利的影响。所以，以会计职业道德标准来规范会计从业人员，是实现会计目标的重要保证。社会在不断进步，各行各业的工作人员也要不断完善自我，提升工作水平。在会计工作中，会计职业道德是对会计人员最基本的行为规范，它不仅能够规范会计人员行为举止，同时也能够遏制消极因素的产生。一个具有高素质的会计人员，敢于向一切违纪行为说“不”，同时能够影响一些具有不良想法的人员。会计职业道德正是规范了会计人员的思想，使其树立正确的思想观念，时刻按照职业道德的标准来严格要求自己，最终规范会计行为，提升自我的职业道德素质。

（二）工作经验

对于企业来说，财会管理是非常重要的一个环节，是能够影响企业生存的关键。因此，企业经营者非常注重优化财会管理。会计人员作为财会管理中重要的执行者，其工作经验是否丰富，对财会管理效果有很大影响。很好地处理财会问题，提高财会工作的可信性和准确性，需要会计人员在工作中，无论面临何种情况，都能保有一颗平常心，将会计知识与实际情况相结合，处理财会问题，避免财务损失发生。当然，要想会计人员做到这一点，需要其具有多年的工作经验。所以，会计人员具有丰富的工作经验，利于财会管理工作。

作为会计素质的基础就是会计知识的掌握情况，尤其是对现代社会信息技术、会计专业知识以及与会计有关的一些知识，还有会计报表的掌握，了解企业的经营和生产的各项规章制度以及相关情况，同时还应该具有一定的文字表达能力和语言功底以及涉及一些外语知识和必要的外语沟通能力，这都是会计工作人员需要具备的基础知识。扩展的会计知识有与会计相关的一些财务知识，市场营销、财经金融、税务知识等，这就依据个人情况而定，综合企业的要求，不做过多的规定。

（三）学习能力

随着我国与国际经济体系的交流日益频繁，会计电算化等先进技术被引进国内，快速地被应用到企业中，辅助企业会计工作，利于提高企业财会工作质量和效率。当然，要想使会计方面的先进技术有效应用于企业中，并充分发挥作用，需要会计人员尽快掌握先进技术，灵活地操作和应用技术，才能真正将技术应用到财会工作中。为此，会计人员需要具有较强的学习能力和适应能力，尽快掌握会计电算化等先进技术，积极主动学习相关知识、操作方法等，以便灵活地、有效地应用先进技术处理财会工作。因此，在现代化的今天，会计人员还要具备较强的学习能力和适应能力，更好地适应财会工作，并注意不断完善知识结构，以便有效处理各项财会工作。

（四）创新能力

创新能力是指人们运用已有的基础知识和可以利用的材料，并掌握相关学科的前沿知识，产生某种新颖、独特的有社会价值或个人价值的思想、观点、方法和产品的能力。要培养具有创新意识、创新思维和创新技能的会计人才，需从理论创新、实践创新、制度创新、文化创新等方面着手，各高等会计院校、会计主管部门、会计学会以及会计人员本身积极参与。在市场不断发展壮大的时候，各种信息的变化非常快，这就需要会计人员具有洞察力，能够及时挖掘市场的新动态，并且依据企业的实际情况，做好调整，及时更改企业的会计工作信息。会计人员的职业判断能够影响企业管理者的决策，运用创新的思维，为企业的财务管理以及会计工作创造新的工作方法，这是会计工作人员需要坚守的会计职业道德。

二、财务会计人员的素质价值

（一）防止会计信息失真

我国的市场经济体制发展虽然速度很快，但是由于市场体系的不完善，虽然制定了很多制度和规则，但是在执行过程中还是有很多制度毫无秩序可言，很多企业为了自己的私利，不按照国家统一的会计制度进行操作。因为利益的诱导，导致企业的会计信息不真实，就有很多违法乱纪行为的出现，这也影响着企业管理者的决策。因为一些虚假数据、报表能带来短暂的收益，但是不利于企业长期的发展，这都是企业会计人员缺少会计素质的原因，这里的会计素质不仅是专业知识，更多的是道德层面。

会计信息可以说是决策者进行决策的重要依据所在，因此会计信息的真实性与可靠性也直接决定了信息的使用者能否做出正确的决策。尤其是近年来我国社会经济的快速发展，会计信息失真问题频频发生，不仅给企业发展带来了巨大的隐患，也给社会经济建设带来了严重的危害。所以，进一步规范会计信息失真问题，提高会计信息的准确程度尤为重要。当前我国会计工作中存在做假账、造假账、会计信息失真的现象，存在这种现象的主要原因一方面是会计人员整体水平不高以及法制观念淡薄，另一方面也有一些会计人员为了自己的私利或屈从于外界、领导的压力造假报假。只有会计人员整体素质提高这种现象才能得到改变，因此提高会计人员素质是防止会计信息失真的根本。

（二）助力信息技术创新

在经济活动中，资源的有限性和人类需求的无限性是存在于人类社会中的一对永恒的矛盾，在我国这对矛盾则更为突出。为缓和及解决这一矛盾，人类在经济活动中总是千方百计地力求以最少的劳动耗费来取得最大的经济效益。经济效益的提高受到错综复杂因素的影响，就其主要方面来讲，离不开生产力水平的提高，也离不开对经济活动的管理，而会计信息是经济信息的一个主要方面，通过一定的经济核算可以比较充分地反映一家企业的技术水平和管理水平，并为经营者进行投资决策提供主要依据。会计信息可以全面、综合、系统与连续地反映商品运动中量的变化，只有借助于财务会计信息，经营者才能做出正确的决策。

技术创新的信息和动力源自市场，同时技术创新和产品开发面向市场。市场是企业技术创新的导向，这主要表现在企业以市场和消费者需求等信息为技术创新的主要信息来源。随着市场和消费者需求的变化，不断地更新产品和改进工艺技术，以市场决定技术创新的取舍。会计核算中的销售核算与采购核算可以给企业提供市场信息。就一个企业而言，通过销量可以知道，哪些产品市场需求量大，哪些产品市场需求量小。对整个国家而言，通过对各个企业销售资料的汇总分析，不仅可向各个企业提供国内市场信息，同时企业还可将本企业和其他企业同类产品销量、价格、成本、利润等进行对比，寻找差距，从而为企业提供市场信息，使企业能够更好地面对市场进行技术创新。科技的腾飞，为企业发展带来了更多机遇，同时，企业也将面临更多挑战，加大了企业经济风险。为此，新会计准则下，财务人员应该以自身的能力提高为基础，重点分析自身在财会管理过程中的不足，积极学习与提高，进一步为企业财务管理的信息化建设提供动力和支持。此外，企业内部财务管理模式也需要不断完善，通过这样的方式，迎合新会计准则的各项要求，也进一步提高强化意识，从而不断促进企业财务实力提升。

（三）促进企业经济发展

强化会计个人素养不仅有利于提高企业财会管理工作效率，还有利于促进企业经济快速稳定发展。之所以这么说是因为，具有较高个人素养的会计人员，能够尽快适应市场经济的新要求，不断完善自身知识、能力等方面，在会计工作中将全面且及时掌握企业资金动态，科学合理优化配置企业资金等，为企业管理者提供可行性建议，以便企业经营者及企业管理者共同制定市场决策，推动企业稳步发展。会计人员的个人素质对企业财会管理具有重要作用，优秀的人员素质能够保障企业财务的有效管理，有利于企业获得较多的利润。

当前我国进入经济新常态阶段，促使我们不仅要重视企业的活力，更需要关注企业的长久发展。作为一个企业，管理是方方面面的，但是管理的重心是财务管理。而会计人员又是财务管理的主要因素，其素质的高低直接影响着企业的运作。所以，提升会计工作人员的素质，对促进企业财务工作的开展也有积极意义。会计工作因其自身的特殊性，对会计工作人员的要求比较高，要求他们必须具备专业技能，还要具备对市场的分析能力，以保证企业在市场竞争中立于不败之地。会计工作人员在企业的财会管理工作中起到协调企业经济发展的作用，掌控着企业的经济命脉。会计工作人员一方面要不断提升个人的专业素质；另一方面还要适应不断发展的经济需求，只有做到与时俱进，才能确保企业经济的稳定发展。会计工作人员要在工作中严格要求自己，顺应时代的发展潮流，尽可能减少工作中的失误，及时全面掌控企业的资金运行状况，同时对企业的资金提出合理化的建议，为企业的管理者提供可行性意见，并尽量减少企业不必要的经济支出，促进经济的稳定发展。

三、财务会计人员的提升策略

（一）加强职业道德建设

对会计人员进行强化思想道德教育和素质培训，做到各方面协调同步发展，使会计人员能够正确履行会计职责。在工作岗位中，尤其是会计工作的严肃性和重要性，就更需要会计人员不断提高自身的职业道德和素质建设，这是会计人员工作的基础。过硬的素质，依法办事，爱岗敬业，处理好个人与集体之间的利益关系，不断地增加自己的主人翁意识，调动工作的积极性，做到以上几点才能保证会计人员素质的提高，才能加强职业道德建设水平和杜绝违法乱纪行为的发生。

（二）提升法律知识学习

国家的法律法规是会计人员职业素质的基础，也是企业开展业务活动的基础。所以说会计人员应该增强法律意识。毕竟会计工作是一个很容易触犯法律的工作，也是一个政策性很强的工作，因此会计工作人员应该不断提高法律政策水平和运用法律手段处理会计事务的能力。同时提高会计人员的素质，强化会计的基础知识，不断提升专业能力。因此，会计工作人员在国家法律允许的范围内，不断地完善企业的会计制度、会计规范，以及创新先进的经营理念、工作方法，真正成为一名合格的会计工作人员。

（三）强化失德惩罚力度

对于贪污腐败、违法乱纪、知情不报甚至同流合污等行为，除按规定给予行政处罚外，严重的应追究会计人员和相关人员的法律责任，使人们认识到违反职业道德，将会受到法律制裁。加大对恶意造假者的处罚力度，使造假者付出的代价远远大于其所得到的利益，对造假的企业责任人、会计人员、注册会计师吊销资格证书，不允许其继续从事相关职业，并根据造假造成的损失追究其经济责任或刑事责任。我们还可以借鉴发达国家的经验，在相关法律法规里增加民事赔偿制度，使会计信息使用者受到虚假信息损害时可依照有关条款获取赔偿，以此达到保护会计信息使用者利益和遏制失信行为的目的。另外还应完善会计准则和会计制度，压缩会计人员想象空间，如适当增加会计报表附注，完善和规范关联交易的披露等，尽可能缩小会计政策选择空间。

（四）规范业务流程重组

业务流程重组是利用信息技术对企业业务流程做根本性的再思考和彻底的重新设计，以实现成本、质量、服务和速度等现代关键业绩指标的巨大突破。业务流程重组的内涵是基于信息技术的、为更好地满足顾客需要服务的、系统化的企业组织工作流程及相关活动的再造，它突破了传统的劳动分工理论，为企业经营管理提供了全新的思路。

（五）深化监督机制建设

高强度地落实政府机关的管理作用，大力度地检查及管制企业财会不遵守规章制度的行为。我们需要参考其余完善的企业财会管理制度，以此来保障我国市场经济制度能够进行持续性改善，保障我国考核财会制度的可靠性与合理性。

建立一个合理可靠的财务预警管理制度，保障企业会计信息的真实性和透明性，果断阻止财会出现虚假信息的现象。

四、财务会计人员的培训策略

（一）实施分层教学

培训之前应将企业和行政事业单位的会计人员分开进行继续教育，在此基础上企业再按规模和所执行的会计准则分为大中型企业和小型企业，并按会计人员职务技术资格划分高级、中级和初级三个层次，分别安排继续教育的内容，并规定继续教育各层次应达到的能力要求。会计人员继续教育的目标应是树立会计人员正确的职业价值观，不断更新、补充、拓展和提高会计人员的职业知识和职业技能。这些既是各层次会计人员必须具备的最基本的能力要求，也是会计人员进行职业判断、更新和补充职业知识、拓展和提高职业技能的基本前提。但职业知识的更新和补充、职业技能的拓展和提高应根据不同层次的会计人员而定。高级会计人员继续教育的目标是突出提高职业判断、预测、决策、分析问题和解决问题等综合能力和水平；中级会计人员继续教育的目标是提高处理会计综合业务的能力；初级会计人员继续教育的目标是突出提高处理会计基本业务的能力。

现阶段继续教育的培训内容未充分考虑会计人员的层次，不同层次的会计人员培训内容往往相同，缺乏针对性。培训内容应根据会计改革的变化不断调整，并保证培训的及时性，让会计人员在最短的时间内掌握会计改革的最新内容。对不同层次、岗位、职位的会计人员确定不同的培训内容。例如，对于初级职称会计人员，应把培训重点放在对会计理论和新出台的会计准则和会计制度的理解和掌握上，并加强日常会计方法和技巧的交流探讨；对于中级职称会计人员，应重点放在会计制度的难点分析和财务管理等内容；对于高级职称会计人员应主要放在复合型知识结构的培养，不仅是对会计制度、会计准则有深刻的理解和把握，更要了解和掌握经济理论与管理理论等相关知识以及技能。

（二）创新教学模式

鉴于目前会计人员继续教育方式单一，且培训者不了解培训对象的需求，各地财政部门在组织对会计人员进行继续教育之前，采用问卷调查等方式，分别对企业、行政事业单位不同层次的会计人员进行继续教育需求调查，根据各层次会计人员的特点和学习需求安排、调整继续教育的内容。这样有利于会计人员的继续教育从实际出发，讲求实效，并学以致用。为调动会计人员的自学积极性，可积极探索开发网络课堂教学等现代化培训手段，也可充分发挥会计学会等职业团体或单位的组织作用，采取面授、组织案例研讨的形式。比如，将执行会计准则比较好的企业和比较差的企业分别做成案例，让学员总结这两类企业执行会计准则的状况，从中寻找成功的经验和失败的教训。采用面授方式的可组织学员现场讨论这两类企业的案例，采用网络课堂方式的可把这两类企业的案例做成单选题、多选题和判断题，让学员从中找出答案。这样可使会计人员通过继续教育有所收获，更好地执行会计准则，并不断更新、补充、拓展和提高知识结构、综合素质和能力。

采取培训与自学相结合的教育方法，在重视培训的同时，充分调动会计人员的自学积极性，利用现代科技手段，通过网络录像等形式组织学习；充分发挥会计学会或单位的组织作用，通过组织研讨会等形式，加强学习交流；通过“请进来”和“走出去”的办法，取人之长，补己之短；学历教育与非学历教育相结合，鼓励会计人员参加专、本科及研究生学历学习，提升学历层次，提高综合素质。

（三）完善教育制度

在继续教育制度和指南中应明确规定不同层次的会计人员继续教育的目的、内容、学分、形式和考核要求等。具体来说，财政部应对不同岗位不同层次的会计人员必须完成的继续教育设置必修课程和选修课程，并对必修课程和选修课程的内容及相应的学分做出统一规定。继续教育可采取面授培训和网络课堂等现代化培训方式，允许会计人员根据自己的岗位和层次需要选择培训方式和与自己工作相适应的必修课程和选修课程。会计人员修满课程就可以参加考试，只要考试合格，就能获得学分，而不管其耗用了多少学时。加强会计人员继续教育，将其纳入法制化、制度化、规范化的良性循环轨道是提高会计人员能力的重要途径之一。正因为如此，有必要完善会计人员继续教育制度，采取切实可行的措施提高学分制会计人员继续教育的质量，提高各层次会计人员的素质、专业水平和综合能力，以适应我国会计人员管理体制改革发展的需要。

五、财务会计人员的管理策略

（一）转变财务管理理念

作为企业管理人员，首先要从自我做起，抛弃传统的老旧观念束缚，勇于接受新事物和新方法；加强自身学习，以提高自身综合素质。不要只看到眼前经济利益而忽视了企业长足发展。对企业财务管理和资金风险防控要高度重视，创建一套完善的财务管理机制并严格执行，以充分发挥财务管理的经济作用，确保企业能够可持续发展。此外，还要想方设法营造好的企业氛围以吸引高素质的财务人才进入公司，为企业财务管理贡献力量。完善单位财务管理，一定要认真学习，不断更新观念，各级领导要严格建立依法理财的理念，不断提升完善财务管理体制，加强自觉性与紧迫感，将完善财务管理提升至反腐倡廉和强化作风建设的层面，将财务管理归入法制路线，将财务活动归入制度当中。

企业经营者要对财务管理工作有所重视，要以财务管理作为企业管理的中心。企业要把财务管理合理地运用到生产经营中去，才能在激烈的市场竞争中站稳脚跟。在企业经营过程中发现企业应该加强财务管理理念，制定适合企业本身的财务管理制度，实现财务管理的价值。在实际工作中要做到财务管理精细化，就要在财务管理过程中不放过每个细节，并将财务管理运用到企业各个方面中去，通过行使财务管理职能使企业获得长久的发展。充分利用财务管理的优势，使企业在经营活动中不断发展，实现企业经济效益不断攀升和实现企业价值最大化。

（二）提升企业融资能力

中小企业融资是指金融机构针对中小企业推出的定制化融资解决方案。它对中小企业自身结构特点中偿债能力不强、融资规模较小、财务规范性较差、缺少健全的企业治理机制等问题进行分析论证，从而得出中小企业抵御风险的能力较弱。因此，大型金融机构普遍缺乏金融服务计划，银行为了更好地控制风险，设置了复杂的风控手段，最后实现低收益。这是国内许多中小企业融资需要面对的老问题。很多发展好的创业企业都有强大的融资需求，但是可以选择的渠道并不是很多。

当前中小企业解决资金问题相对困难，这会影响企业的财务管理工作，也不利于企业未来发展。所以，企业为增强自身经济实力，应合理安排资金，优化资产组合，对外界树立良好的企业形象，以使自己的筹资方式更为多样化。在进行企业资金投资时，应选择那些低风险、回收时间短的项目，而尽量不要投资那些高风险、回收时间长的项目，以确保资金安全，实现资金的增值。想要顺利实现企业融资，就要从打造自身品牌和信誉入手，尽快树立企业良好形象。注重培养自主创新能力，提高企业核心竞争力和盈利能力。不同的企业有不同的发展情况，融资的情况各有不同。因此，一定要找到适合本企业解决企业融资问题的方法，以此来提升企业的融资能力，使企业在信息化发达的今天快速发展。企业主要的融资渠道有内源融资和外源融资，实现融资市场的创新，必须建立符合企业融资的小额资本交易市场和简单快捷的网络交易市场以及充分发挥二板市场。想要拓宽企业的融资渠道，应全面打开互联网金融运作模式，由互联网的相关机构进行融资前调查，由融资担保机构提供相应的证明和服务，一切准备完善后，双方签订合同。网络作为第三方借贷资金，同时负责融资后的跟踪服务，这一举措既能完善金融市场又能减少资源的浪费，减少了融资的环节，降低了成本，保障了融资资金的安全。

（三）重视专业人才培养

企业财务管理离不开专业的财务人员，因此，中小企业想要提高内部财务管理水平就必须对企业财务人员给予足够重视，在招聘财务人员时要尽量多方面、多层次考察测试，以招聘到素质高、专业能力强的员工。要有一套严格的考核制度以便对财务人员工作进行考核监督，并将考核结果与企业奖惩结合起来，以提高财务人员工作积极性和主动性。应加大对财务人员的培训力度，定期组织员工培训或集中学习，以提高财务人员的专业水平，树立起现代财务管理理念。营造好的工作氛围以使员工的归属感、安全感增强，促使员工能够自觉遵守职业准则，认真按照相关法律法规办事，有效安排企业资金和资产，使企业获得更多的经济收益。

财务转型的作用就是要把更能创造价值的活动从原来的财务部门分离出来，在增强企业管控能力的同时，明确财务在企业价值创造中的定位，为创造企业价值服务。价值创造要求企业财务人员推进以价值最大化为指导原则的资源配置与决策，对经营活动进行准确的衡量和及时的监控。为培养以价值创造为核心的企业财务管理能力，企业财务管理团队要深入参与企业的重大经济活动。同时，财务人员要在夯实原来财务会计基础工作的同时，把重点转移到决策支持、预算预测、资金统筹、财务筹划、税务筹划、控制评价等方面来，努力实现价值创造目标。转型后的财务人员是企业核心管理层的有机组成部分，其作用在于为战略、经营决策提供重要的信息和分析，从而支持公司的价值创造活动。企业的目标是实现价值最大化，而目标的实现需要落实到具体的业务层面。为此，财务转型后，财务人员需要精通业务，把财务体系与整个业务流程紧密地结合起来。通过制度和流程，把产品的定价和成本核算都落实给财务，就可以确保每份订单都能清楚地计算出成本和利润。转型后财务人员的工作重点，应从过去主要为企业外部利益相关者服务，转变为主要为企业内部管理者提供决策支持服务，也就是把管理会计在业务层面的运用植入公司的议事日程，使企业集团的管控工作落实到业务层面，使企业的财经体系真正参与到经营过程中。

（四）重视时代特征要求

财务管理是一门综合学科，涉及经济学内容、管理学内容以及会计学内容，财务管理学的任务在于剖析财务管理工作中的规定性，研究财务管理工作实践活动的一般规律，说白了就是财务管理是什么以及如何进行财务管理。财务管理体系的构建充分遵循由简单到复杂、由抽象到具体的规律，但是财务管理理论的研究方法并不遵循这一规律，而是遵循由复杂到简单、由具体到抽象的过程。财务管理理论研究的起点与终点正好是财务管理工作体系架构的终点和起点，这两者从研究的切入点和过程看，在逻辑上正好互为相反过程。财务管理应用理论主要职能是指导人们财务管理的方法，所以，财务管理应用理论必须具备充分的可操作性和实践性。

在大数据时代下，数据的价值得到了更为充分的挖掘，以数据技术为代表的信息也对各行各业发展产生了明显影响。在创新成为当代社会发展的主旋律下，企业经营发展中也需要积极进行各种形式的创新尝试，财务管理本身作为企业管理的重要组成部分，其更加要与时俱进地进行管理形式与管理内容的创新。特别是在很多企业财务管理模式陈旧、方法单一下，进行财务管理创新的紧迫感也十分明显。尽管很多企业在内部控制建设进程中都在不断加强财务管理，但其财务管理创新程度较为低下，很多企业的财务管理创新状况更是不尽如人意。越来越多的企业虽然认识到了进行财务管理变革和创新的重要意义，但缺乏具体的财务创新策略与方法，其财务管理创新迟迟无法取得突破。市场经济下，企业等组织的生存发展压力逐渐增加，借助管理创新带动整体创新更加成为一种发展上的新选择。大数据时代已经为企业财务管理创新提供了新的方向和选择，因此探寻出这一时期下企业财务管理创新的一般策略也十分必要。

第六章　新时代财务会计工作的实践创新

第一节　新经济时代财会工作的创新

一、新经济时代财会工作简述

（一）经济形态与会计发展之间相互关系的理论分析

会计与经济之间有着内在的互生规律与联系。会计的发展，不仅与经济水平的提高有关，而且与经济形态的更替有关。从会计发展的历史主线看，每次新旧经济形态的更替，都能促进经济水平不断提高，进而带动会计向前发展。但与此同时，新经济形态本身也往往会对会计提出非凡要求，成为引导会计发展的另一动因。历史上，正是经济水平和经济形态这两个主导性因素以其各自的方式共同影响和决定着会计的发展与方向，使得会计的发展过程既有与经济水平提高相对应的不断向前的趋势，又具有与经济形态更替相对应的阶段性特征。

如今，由成本会计、治理会计和财务会计所构成的三位一体的较为完整的现代会计知识体系基本形成。

1.社会经济发展对会计的影响

（1）经营管理的规范成熟及要求提高对会计的影响

总体上讲，经营管理的规范成熟对会计提出了更高的要求，使会计方法和处理流程也更加先进。而且随着经济全球化的兴起，跨国公司不断涌现，使得为了适应跨国公司会计核算的国际会计也得到了发展，丰富了会计理论与实践的内容。

（2）科学技术进步对会计的影响

会计成为独立的职能正是因为社会生产力的提高所致。在今天，科技进步使得会计电算化得到了长足发展，会计核算大量应用会计软件和计算机技术和操作，手工会计的应用已经大大减少了。

（3）币值的波动对会计的影响

现代市场经济是信用经济，政府以自身信用发行货币，但这样也使得政府宏观调控经济的需要而导致货币超发，使得资本主义经济社会，通货膨胀是常见的现象。货币贬值等货币波动动摇了会计货币计量的基础，使得会计信息一定程度上存在货币计量的失真问题，通货膨胀会计就是为了解决货币币值不稳对会计的影响，这一世界性的难题在实务操作中仍然很棘手。

（4）知识经济发展对会计的影响

包含技术、专利、管理等在内的知识经济，使得原本费用化的支出要予以资本化，知识经济，使得会计核算的内容更丰富，也更加复杂，使会计核算更真实地反映资金运动。尤其是知识和网络经济环境的发展，更是对会计行业产生了深刻的影响。

（5）国际环境发展变化对会计的影响

全球化的兴起，使得经济中的采购、生产、交换、消费、分配等日益全球化，世界各国的经济体制和形态，还有财政货币政策也逐步被纳入全球范围内。这促进了世界各国会计理论和法规实务的国际趋同进程，国际会计准则日益成了世界通用的经济语言。

2. 会计对社会发展、经济环境的影响

（1）对宏观经济环境的影响

会计核算提供着重要的经济信息，不仅反映经济运行状况，还能提供经济预警作用。会计工作有助于政府获得经济信息和企业发展状况等信息，进而对宏观经济进行调控，促进经济平稳运行，降低经济运行风险，实现经济发展。

（2）对微观经济体的影响

会计工作的主要产出是会计报表等会计信息资料，而会计信息资料为企业管理层提供了做决策的依据，企业可以根据规范的、准确的会计信息改进运营，提高获利能力和管理水平。规范的会计信息资料也为投资者提供了经济和经营信息，帮助投资者进行资源的正确配置，提高了金融深化的水平，促进了金融加速效应的发挥，进而保持金融稳定，促进经济持续发展。

（3）推进国民经济与国际接轨

会计国际化，采纳国际会计准则，这使国际范围的金融借贷、贸易往来和经济数据沟通等更加透明、公平合理、便于理解，提高了双方的满意度，推进了国际贸易，使每个国家的经济福利都得到了增长。

（二）知识经济的影响

目前的会计思想、理论和方法体系是在工业经济时代产生、发展起来的，当知识经济开始出现并迅速发展时，其对现有会计体系所带来的影响是广泛而深远的。现行会计知识体系面临着重大挑战，但同时也孕育着又一次进行变革和创新的机遇。

1.对会计属性的影响

对于会计的性质，学术界一直没有统一的定义，主要有“老三论”（艺术论、工具论、治理活动论）和“新三论”（信息系统论、治理活动论、控制论）之说。但这些定义都是在20世纪七八十年代或更早时期形成的，反映了当时对会计的认知，不具有新经济的时代特征。可以说，新经济时代对会计的定位与理解，比上述对会计的认知更有时代性、宏观性和理论深度，也更加突出了会计在知识经济社会中的重要作用。因此，会计界应当转变思想，以新的视角和经济背景为基础来研究和定义会计。

2.对成本计量与控制理论的影响

传统的成本计量与控制理论是在工业经济时代形成的。知识经济下的成本结构和工业经济下的完全不同。对知识型企业或高科技企业来说，其主要的成本是研制成本，而变动成本和产品成本几乎为零。这种成本结构使得：①需要寻找和确定新的成本控制点，并发展新的成本控制方法；②由于研制活动风险大，研制成本的未来预期收益不明确、保证性差，而变动成本又过少，使得无论研制成本还是软件的复制成本都无法作为收益猜测的基础，需要建立新的猜测基础和方法；③需要检讨传统成本会计将研制费用计入当期费用的处理方法。因为按照这种方法，将导致软件成本计量的严重失真。

3.对融资理论与资本结构理论的影响

在工业经济社会中，企业的固定资产和设备投资很大，因此在企业开办之初，往往运用财务杠杆理论进行融资，从而形成自有资本与借入资本相结合的二元资本结构。但是在知识经济时代，企业的固定资产和设备的投资很少，尤其是一些网络公司和软件开发公司，只需要几台计算机即可运作。因此在企业开办之初，一般不需要进行借款融资，而一旦开发成功，企业则可以在资本市场进行自有资本融资。如此一来，这些公司就形成了单一的资本结构，即只有自有资本而没有或只有很少的借入资本，资金成本很小。这说明，传统的融资与资本结构理论对新型的企业并不适用。

4.对资产计量理论的影响

现行的资产计量理论与实务，侧重于对有形资产的计量，而对无形资产的计量虽有所考虑但其范围却很狭窄。在知识经济社会中，无形资产是企业核心竞争力的集中体现，是企业利润的主要来源，其所占比重已大幅增加。假如仍沿用现行的资产确认与计量理论，将导致会计对企业资源及其竞争能力反映的严重失实。

5.对资本计量理论的影响

现行资本计量理论强调实物资本及其提供者的权益，对无形资产提供者的权益只承认专利、技术等成果化部分，而对大部分的智力资源或知识性资产不予承认。按照知识经济的角度理解，这种对资本的确认与计量理论是有严重缺陷的。因为对知识型企业或高科技企业来说，企业的价值和竞争力的源泉是其所具有的创新能力，而创新能力的大小主要取决于企业所拥有的知识量及知识的积累程度。假如企业不认可知识资源或知识资产及其所有者的权益，一方面会导致对资本计量与反映的不全面，另一方面，也会扼杀企业的创造能力及创新能力的形成与提高。

6.对财务报告理论的影响

知识经济社会的一个显著特征是经济活动的网络化。企业可以通过互联网与其他企业和投资者进行及时的交流与沟通。这种经济活动的广域性和信息需求的及时性对传统的会计信息披露方式提出了挑战，要求会计必须改变定期（年、季、月）、定对象（投资者、债权人等）的信息披露方式，借助更先进的信息交换媒介进行广泛的及时性信息加工与传递。

7.对绩效评价理论的影响

传统的经济评价模型中，一直以实物资本及物质产品的多少来衡量企业的规模与产出效率。而按照知识经济的评判标准，这种评价模型是过时的、不适用的。因为在知识经济时代，企业的经济活动虽然仍离不开实物资本，但企业经济增长的主要动力在于其拥有的知识、技能和能力。企业价值的大小从根本上说不在于其实物资本的多寡而在于其创新能力。

8.对利润形成与利润分配理论的影响

传统的经济理论认为，利润是由资本（主要指实物资本）带来的，因此参与利润分配的主要是资本的提供者或出资人，劳动者只是实物资本的附属物，只领取劳动报酬而不参与利润分配。但是在知识经济时代，企业的主要资源和利润的增长点在于知识、技能和能力，而劳动者则是软性资源的载体。因此，知识经济中人的因素是利润形成的主要源泉，是以人为“本”的经济而不是以物为“本”的经济。与此相应，利润分配也应该以资本和知本相结合进行。

（三）知识经济下的会计变革与创新

1.会计核算观念创新

（1）新的财务资源观念

面对知识经济的挑战，企业必须确立新的资源财务观念，并以此拓宽财务管理的范围。既要充分利用自然资源和传统的财务资源等能被企业利用的有形资源，又要确立和利用以智力为基础的或无形的资源，包括知识资源和时间资源等。

（2）“融智”或“融知”比融资更重要观念

知识经济的主体是知识型企业，其竞争成败的关键因素已不再是自然资源和有形资源，而是知识资源和时间资源。企业从事生产活动所需要的资金、员工、技术、市场等，均以员工的知识能力为基础，由此决定了“融智”或“融知”的重要性。企业在财务管理时应确立知识和时间资源第一的观念，并通过合理的资金运作，培育和扩张知识和时间资源，以此优化企业资源结构，顺应知识经济发展的要求。

（3）人本财务观念

人本管理是与以物为中心管理相对应的概念，其要求将人作为社会人或文化人而不是经济人看待，要理解人、尊重人，充分发挥人的主动性和积极性。

2.会计核算内容创新

（1）改革无形资产的相关内容

知识经济时代，无形资产正在成为企业价值创造的主要驱动因素。从这个意义出发，可以将基于价值创造的无形资产定义为：无形资产是指由企业创新活动、组织设计和人力资源实践所形成的非物质形态的价值创造来源。鉴于无形资产在企业赢利过程中的作用，继续采用历史成本原则核算无形资产，特别是将企业自创的无形资产进行费用化而不在企业的财务报表上进行反映，就不能准确地向投资者和债权人提供公司财务状况和经营成果的相关信息，甚至有可能误导投资者和债权人。因此，对于无形资产特别是自创无形资产的会计核算需要进行改进。

（2）建立管理核算型会计模式

在知识经济条件下，计算机技术、网络技术的不断发展，企业的生产活动、经营活动、研究开发活动、采购活动等都要运用高科技进行管理，企业之间的竞争更加激烈，这就要求会计管理发挥核算过去、控制现在、参与决策、预测未来等职能作用，用会计特有的方法了解和分析市场，评估各种经济的和非经济的、有利的和不利的、内部的和外部的因素和风险，以便采取对策防范和化解风险，达到预期经营目标。

3.改进以交易为基础的会计核算体系

现行以交易为基础的会计核算体系提供的信息，大多数是一些有产权交换关系的法律意义上的实物交易，如销货购货、利息支付和资本支出等。这种以交易为基础的会计核算体系的优点在于其可靠性，依据某一项具体交易活动或业务发生的实际金额，做出相应的会计处理，确认销售收入、存货、应付利息的减少或资本的增加。然而在无形资产占主导地位的新经济环境下，创新能力成为资本，智力资本产品化、商业化了，这种方法不能够及时反映无形资产增加对企业价值的影响，会降低决策的效率。因为无形资产可能在瞬间取得，也可能在瞬间消失，再加上网络技术的高速传递，任何影响公司价值的事项可能在瞬间传遍全球。而以交易为基础的会计核算体系，只有在取得可靠计量的数据时（交易发生时），才会对该事件进行确认和计量，这显然落后于事项的发生及企业价值的相应变动，事项和交易的不一致是投资者和管理者决策相关性低下的主要原因。

4.探索风险会计体系和评价体系

现代企业的财务管理中，人们已普遍意识到筹资有经营风险、财务风险，投资也有风险，但对知识经济会给企业带来更大的决策风险、存货风险、开发风险、货币风险、投资风险及怎样去衡量和防范风险却意识淡薄。因此，如何有效防范、抵御各种风险及危机，使企业更好适应市场经济的机制，客观上使任何一个企业都存在着蒙受经济损失的机会与可能，而这种可能性在知识经济时代会更大。

二、新经济时代下企业财会工作面对的挑战

进入新经济时代以来，经济上的方方面面都发生着巨大的改变，而作为为会计信息使用者提供各种必要的会计信息的财务会计也面临着巨大的挑战，具体表现在以下方面。

（一）对新兴资产的定义

在新经济时代，人才是非常重要的资源，这也使得人力资源管理变得越来越热门。由此给财务会计带来的问题就是，如何能够正确地定义人力资源的价值？如何能在账务中将企业所拥有的人力资源体现出来？在一个企业中，诚然人力资源会是这个企业非常重要的资产，但是每个人所拥有的能力不同，对企业的贡献也有所不同，这也使得财务会计无法准确判断不同的人力资源所代表的价值。同时，网络技术的日益发达使得人们已步入了信息化时代，伴随而来的是产生了许多以信息技术来创造财富的企业。那么，对于这些企业的财务会计来讲，如何准确地确定信息技术这类无形资产的价值和折旧摊销方法也是一个很大的挑战。除此之外，新经济时代还给企业带来了很多其他的新兴事物，对于财会而言，怎样确定这些事物对于企业的价值会是一个很重要的问题和挑战。

（二）大数据对财会的影响

在新经济时代还有一个重要的特征就是大数据的产生。大数据有四个特点：Volume（大量）、Velocity（高速）、Variety（多样）和Value（价值）。其巨大的信息量以及价值带给企业财会的挑战就是如何能够在保证可靠性和相关性的情况下，尽可能及时地提供给会计信息需求者所需要的信息。以前，财务会计所做的更多是事后报告，具有一定的滞后性，现在会计信息需求者更多的是希望财务会计能做到事中报告甚至是事前预测。在这种情况下，财务会计所需要做的并不是只单一地向会计信息需求者提供企业过去时间所发生的资金运动的相关信息，还需要提供实时的财务报告，并探寻如何利用大数据有效地预测企业未来的发展趋势和防范企业可能遇到的风险的方法。

（三）经济一体化对财会的影响

中国加入WTO（世界贸易组织）以来，经济一体化对于中国的影响也越来越大。尤其是新成立的亚洲基础设施投资银行以及“一带一路”倡议的提出更加速了中国经济一体

化的进程。经济一体化势必带来更多的外币核算业务，也会因此产生更多的外币核算企业，但现阶段外币报表的四种核算方法都各有利弊，还没有找到一个能被大多数人接受的十分完美的核算方法；同时，外币核算业务的增加也考验着财务会计对于企业的资产和负债套期保值的能力。可用于作为套期保值工具的有传统的金融工具，也有衍生的金融工具，如今，随着中国金融市场的快速发展，层出不穷的各类衍生金融工具的核算问题也成为对企业财务会计的一大挑战。

（四）电算化会计对于财会的影响

计算机的出现使得传统的手工会计越来越向电算化会计发展。在电算化会计信息系统环境下，账务处理结果和数据文件都存储在计算机或磁盘等电子介质上，不像手工会计系统那样直观，特别是在磁盘上更改数据不会留下任何痕迹，但在计算机内部，会计数据无论在形态上还是在结构上都发生了变化，这对会计数据的真实性、有效性和完整性都造成了威胁，一旦出现舞弊行为，后果将是很严重的。在电算化环境下，更加需要财务会计的细心，因为如果系统中间的某一个环节出错，计算机处理的高速性、自动性和重复性会使得差错快速以及反复地出现，最后酿成无法挽回的后果。磁性材料的特殊性质也要求会计要更加细心地保存会计资料。由于计算机技术的快速发展，电算化会计的产生也在一定程度上削弱了会计监督的力度。

（五）财务会计人员本身的素质有待提高

新经济时代对于财务会计人员的综合素质要求越来越高，但是在我国，由于大学的盲目扩招，招到的学生质量参差不齐，对理论知识的学习不上心，再加上学校不重视教学质量，使得企业内部的新进财务会计人员专业知识水平有限。而企业内部老资格的财务会计人员所掌握的又是比较老的会计专业知识，新老财会人员之间的知识便出现了一定的断层，导致企业的财务管理效率变低，无法很好地适应企业的发展趋势，相关会计信息使用者也无法及时得到财务会计所应反映的信息。企业内部的管理不当也可能造成一部分处在财务会计岗位上的人并不具备财务会计的工作能力，更加降低了企业的效率。

三、企业财会的应对策略

（一）及时完善企业会计准则中的规定

我国的《企业会计准则》应当与时俱进，及时地更新对于一些新兴资产价值确定的方法，并合理制定准则以激发企业对于创新的兴趣。随着经济一体化的进程加快，我国企业会计准则应该注意与国际会计准则的接轨，最大限度地做到与国际会计准则的趋同。

（二）完善企业的内部控制制度

电算化信息系统的内部控制制度不同于手工系统的内部控制制度。会计电算化信息系统的内部控制一般可分为两类：一般控制和应用控制。二者均是会计电算化信息系统所产生的特殊控制，目的在于预先发现和纠正系统中产生的错误、舞弊和故障，使系统能正常进行，并提供及时可靠、高质量的会计信息。完善企业的内部控制制度，做好会计不相容岗位的安排，并加强会计电算化信息系统的一般控制和应用控制才能使会计电算化内部控制制度得到完善。在这种条件下，输入、输出、处理、加工的信息才能在质量上符合人们的需求。

（三）财务会计人员应注意提高自身素质

归根结底，不管外部环境给财会人员带来的挑战有多大，只要财会人员自身的综合素质够高，无论什么挑战都能从容应对。对于财会人员如何提高综合素质，一方面，财务会计人员自身应与时俱进，不断学习新知识，会计本身就是一门一直随着环境变化而发生相应改变的学科，财会人员应保持掌握知识的新鲜度；另一方面，企业也应定期对内部财会人员组织培训，以保证所拥有的人力资源的质量。

四、新经济时代财会工作的创新路径

在新时代，互联网技术得到广泛的应用，财务会计人员的工作环境和业务性质都发生了很大的变化。会计人员不仅要像传统的工作人员一样掌握深厚的会计基础知识，还要具备一定的计算机技能。另外，会计信息的真实性，关系到企业决策的正确性，因此，在会计工作中还应当懂得如何有效地过滤会计信息，确保会计信息的真实可靠，同时要具备较高的职业道德素质，对企业的财务机密进行稳妥保管，防止被竞争对手窃取。在国际贸易频繁，财务工作更加细化的情况下，财务会计人员还要懂得国际上通行的财务会计、审计等知识，具备一定的经济法律知识，以提高工作水平。

（一）新经济时代对财务会计基本理论的冲击

1.对会计对象的冲击

调整经济结构的目的是提高生产要素的配置效率，以较少的投入实现新增社会财富和福利的最大化。在新经济条件下，会计信息的使用者不只是关心企业过去的价值增值运动的数量方面，大多数信息使用者由于决策的需要，同样关注企业现在和未来的价值增值运动的数量方面。这一点，随着新经济的到来将显得更加迫切和重要。因此，会计对象有必要从过去的价值增值运动扩展到预期的价值增值运动。会计对象的扩大，已经表现在会计既可以提供历史信息，又可以预测未来信息。在新经济条件下，人力资源会计、社会责任会计、资本成本会计和财务预算等方面的信息，将被列入财务报告的范围，因此，会计对象的内容也在不断地丰富与发展。

2.对会计职能的冲击

新经济时代，会计的职能发生了很大的变化，其由原本的反映和控制工作扩展到反映、控制、预测三方面，需要注意的是，这三者是相辅相成的。反映就是对过去工作的总结，控制就是保证会计目标的实现，预测就是在过去的基础上，对未来的预测。而企业的决策水平也主要取决于财务会计相应的信息的反映上，不仅包括财务信息，还包括非财务信息。由此可见，财务会计的基本职能拓展为反映、控制和预测。

3.对会计计量的冲击

会计计量历来是会计的核心。传统会计计量是以历史成本为基础的计量模式。但是，金融的不断创新，以及无形资产在新经济时代企业价值创造中的核心地位，都对传统历史成本计量模式产生了巨大冲击。由于西方金融市场行情波动日益激烈，变幻莫测，表外融资和衍生金融工具交易蕴含极大的风险，误导市场参与者，乃至使投资者或债权人遭受很大损失。因此，历史成本属性根本无法对衍生金融工具进行计量。公允值属性成为计量衍生金融工具的理想选择，甚至是唯一选择。

4.对财务报告的冲击

新经济环境对会计确认和计量的冲击，最终都会反映到财务报告上来。传统财务会计由于确认标准和计量困难的限制，将许多对决策者有用的信息都排除在会计系统之外，比如对自创无形资产基本上不确认和计量，对人力资源不确认和计量，造成财务报告信息数量上的不完整；从本质上看，财务报告的信息相关性、及时性也面临着挑战。财务报告要适应新经济时代“快”的要求，改革传统信息加工和报告形式，充分利用现代计算机技术和通信网络技术，使会计信息系统更加灵敏、准确、及时。

（二）新经济时代财务会计人员提高工作水平质量的措施

1.树立终身学习的意识，坚持与时俱进

传统的会计制度较大程度地限制了财务工作人员的主观能动性的发挥，留给财务人员的选择和判断的空间过于狭窄。而在大多数企业中选择财务人员的时候，都偏于选择一些具有工作经验的员工。财务人员多注重现有的财务业务知识的钻研，注重财务处理技巧的积累。在新经济时代，财务主体和信息处理方式都发生了很大的变化，财务人员只单纯地掌握财务知识已经不能够满足现代企业发展的要求，其还需要具备一定的计算机、国际贸易和网络经济等多方面的知识。随着现代企业业务范围的扩大，新型的经济组织形式层出不穷，这就需要财务工作人员树立终身学习的意识，接受各种新的理论知识和技能的学习培训，跟上时代的步伐，适应现代社会发展的要求。

2.要有创新意识，发挥主动性和创造性

在传统会计工作中，会计账目和报表基本都是确定的，在新经济时代下，随着网络经济的发展，会计工作正向生产、经营和管理的各个层次渗透，其在分析经济情况、有效控制资源、参与经济决策、防范经营风险和预测经济前景等方面的作用日益明显。财会人员要摒弃那种只讲核算，不讲管理的思维模式，也不能只按经营管理层的要求被动提供会计信息，而是要有创新意识，发挥主动性和创造性，利用自己熟悉财会专业知识的优势，从专业的角度为企业经营管理提供有效信息。

3.要重视对新经济时代会计理论的探讨

面对新经济时代企业财会环境的变化，如对会计假设的影响，财会人员应从理论上进行深入研究，并积极关注国内外学者在新经济下对企业财务会计影响的研究，特别是要借鉴已有的研究成果，结合中国的实际情况进行探讨。财会人员只有拥有深厚的财务会计理论知识，才能在实践中不断创新，灵活运用。

4.要培养自己敏锐的洞察能力，发现与解决会计实践中出现的新问题

在网络时代下，对财会人员的要求不是获取信息的能力，而是对信息的整理、分析及快速做出反应的能力。随着经济的发展，财会人员的职能将会越来越广。除了传统的记账以外，还包括对企业生产成本的控制、营运资本的管理、风险控制与核算、战略投资的策划、财务报表的分析与预测、前瞻性信息的提供等。这些都要求财会人员具备较强的分析、判断、选择和决策的能力。为培养自己敏锐的洞察能力，财会人员要加强学习、注重提高理论素养，不断吸取新知识，掌握新情况，保证既有坚实的会计理论基础，又有熟练的会计实践能力。

随着新经济时代的到来，会计学界应当积极地迎接挑战，及时地研究解决新经济时代带来的问题，推进会计的变革与发展，这样才能够适应新时代的经济环境，推动企业的持续发展。作为财务会计工作人员，除了要牢固地掌握专业知识和技能，还应当树立终身学习的理念，不断地探索新知，掌握一定的计算机操作技能、法律和国际贸易知识等，以有效地面对新时代的发展要求。

第二节　网络时代财会工作的创新

一、网络会计产生的历史背景

（一）网络会计是网络经济发展的必然产物

网络不仅是信息传播的载体，同时也为企业的生产经营活动提供了新的场所，它改

变了传统的管理模式和交易方式。首先，网络为生产经营提供了新的场所。在网络经济环境下，企业可通过网络不断拓宽自己的生产经营场所，了解最大范围内的客户需求，从最大范围内挑选出最佳供应商，通过在客户、企业和供应商之间传递的信息流，减少中间环节，从而以最快的速度、最低的成本进入市场，不断提高和巩固企业在竞争中的地位。其次，网络经济的兴起，还促使没有经营场地、没有物理实体、没有确切办公地点的虚拟企业的出现。虚拟企业使传统企业经营模式发生了根本性的变化，同时也深刻地改变了传统的交易方式。

（二）网络会计也是财务会计发展的必然产物

互联网的出现，使社会的经济信息系统发生了重大变革。首先，会计数据的载体由纸张变为磁介质和光电介质载体。这种置换使得数据的记录、存储、传递由“机械形式”转变为“电磁形式”，从而为会计数据的分类、重组、再分类、再重组提供了无限的自由空间。其次，会计数据处理工具由算盘、草稿纸变为高速运算的计算机，并且可以通过网络进行远程计算。在算盘和草稿纸时代，财会人员的精力主要用在会计数据的分类、分配、汇总等简单劳动上。互联网的出现带来了根本性的变化，数据处理、加工速度成千上万倍地提高，不同人员、不同部门之间数据处理、加工和相互合作以及信息共享不再受到空间范围的局限。这种改变使得会计人员从传统的日常业务中解脱出来进行财务会计信息的深加工，将主要精力投入到财会信息的分析上，为企业经营管理决策提供高效率和高质量的信息支持。最后，会计信息输入输出模式由“慢速、单向”向“高速、双向”转变。互联网的出现，不仅使慢速、单向的会计信息输入输出模式变为高速、双向，而且能适应网上交易的需要，实现适时数据的直接输入输出。

二、网络会计的特点

一是网络会计为现代企业的生产经营活动提供了新的场所、新的契机。二是网络会计改变了企业的交易方式。网络经济的兴起，还促使没有经营场地、没有物理实体、没有确切办公地点的虚拟企业出现。这些企业只要在互联网的一个结点上租用一定的空间并经过认证，便可在网上接受订单，寻找货源进行买卖活动。虚拟企业使传统企业模式发生了根本性的变化，同时也深刻地改变了传统的交易方式。

网络经济时代无论网络还是计算机本身都经历了巨大的变化，网络对企业会计环境的影响也是显而易见的。就广域化环境而言，一方面国际互联网（Internet）使企业在全世界范围内实现信息交流和信息共享，另一方面企业内部网（Intranet）技术在企业管理中的应用，则使企业走出封闭的局域系统，实现企业内部信息对外实时开放，同时使企业内部包括财务部门在内的所有部门实现了资源的优化配置。

三、网络会计面临的问题与对策

（一）网络会计所面临的问题

1.信息在网络中传递的真实性和可靠性

在网络环境下，会计仍存在着信息失真的风险。虽然无纸化传递可有效避免人为原因导致的信息失真，但仍不能排除电子凭证和账簿被随意修改而不留痕迹的行为发生，传统会计中依据签章确保凭证有效性和明确经济责任的手段已不复存在。

2.计算机系统的安全性

计算机系统的安全性主要包括以下几点。

（1）硬件的安全性

网络会计主要依靠自动数据处理功能，而这种功能又很集中，自然或人为的微小差错和干扰都会造成严重后果。

（2）网络系统内的安全性

网络使企业在寻找潜在贸易伙伴、完成网上交易的同时，也将自己暴露在风险中。这些风险主要来自未经授权人的泄密和黑客的恶意攻击。

3.对会计软件的要求高

互联网上的互访使企业间的了解加深，如何利用其他企业的会计信息进行及时有效的比较分析，得出对企业有决策价值的信息，进一步实现会计核算层向财务管理和决策层转化，是网络会计对会计软件开发的新要求。同时，随着电子商务的发展和业务的增多，会计信息的处理量将大大增加，如何使会计系统向网络多用户和管理信息系统深化，是网络会计对会计软件运行环境的新要求。

（二）发展网络会计的对策

1.加快立法工作

国家应制定并实施计算机安全及数据保护方面的法律，从宏观上加强对信息系统的控制。

2.技术、管理方面

对于重要的计算机系统应安装电磁屏蔽，以防止电磁辐射和干扰。制定计算机机房管理规定，采取安全保护措施，加强磁介质档案的保存管理，防止信息丢失或泄露。

3.网络安全方面

第一，健全内部控制，在操作系统中建立数据保护机构，调用计算机机密文件时应登录用户名、日期、使用方式和使用结果，修改文件和数据必须登录备查。同时系统可自动识别有效的终端入口，当有非法用户企图登录或错误口令超限额使用时，系统会锁定终端，冻结此用户标识，记录有关情况，并立即报警。第二，提高网络系统的安全防范能力。对病毒的预防可采取防火墙技术，将病毒及非法访问者挡在内部网之外。对于会计信息系统可采用数据加密技术，防止会计信息在传输过程中被泄露。

4.软件开发方面

①提高会计核算软件的通用性和实用性。可对购入的商业化软件进行二次开发，并通过接口和系统集成的办法克服二次开发软件和商品化软件不能共享的缺点。②努力使会计软件的运行环境向更高领域发展。在Windows平台上，可采用VF、PB等数据库语言，提高会计系统对互联网（Internet）的适用性。

5.会计电算化制度方面

①建立会计电算化岗位责任制。岗位责任制是会计电算化工作顺利实施的保证，对会计人员的管理要真正体现“责、权、利”相结合的原则，明确系统内各类人员的职责、权限，并与利益挂钩，切实做到事事有人管，人人有专责，办事有要求，工作有检查。②做好日常操作管理。日常操作管理主要包括计算机系统使用管理和上机操作管理。③做好会计档案管理。要对电算化会计档案做好防磁、防火、防潮和防尘工作，重要会计档案应备份双份。

四、我国网络会计的发展趋势

网络会计将朝着集成化、多元化和智能化方向发展。首先，网络会计系统将使企业生产经营活动的每个信息采集点都纳入企业网中，大量的数据通过网络从企业各个管理子系统直接采集，并通过公共接口，与有关外部系统相连接，绝大部分的业务信息能够实时转化，直接生成会计化信息，从而使会计数据处理走向集成化。然而，网络会计系统可以理解为一个由网络系统、电子计算机系统、个人数据及程序等有机结合的应用系统，它不仅具有核算功能，而且更有控制和管理功能，因此它离不开与人的相互作用，尤其是预测与辅助决策的功能必须在管理人员的参与下才能完成。所以，网络会计系统不能是一个简单的模拟手工方式的系统，而必须朝着具有人机交互功能系统的方向发展。

网络会计应更好地满足企业加强财务管理的需求。网络会计从财务会计的单纯记录和反映扩展到与解析过去、控制现在和筹划未来有机地结合起来，使为企业经营管理提供科学的决策依据成为可能。企业为保证决策目标的实现，需要制定企业内部的生产经营规划，在执行过程中要加强控制，事后还要组织好核算和分析，检查内部规划执行情况，通过分析、思考、总结来找出生产活动中带有规律性的因素，为下一期预算提供更有保证的依据。然而这样就需要网络会计系统具备事前有预算、事中有思考、事后有总结的功能，以更好地满足市场经济条件下企业内部财务管理的需要。

五、网络时代财会工作创新的措施

在这个飞速发展的时代，创新的思维是一切革新和发展的基础。会计的变革首先是思维观念和制度的变革，我们必须建立一系列适应网络时代特点和新型财务会计的观念和制度。

（一）网络系统观念

网络系统将是未来社会的基本存在形式，对会计而言，网络系统观念不只是有组织上的意义，而且具有更为深刻的基础性意义。

1.在网络系统环境下，应重新审视和认识会计，建立网络系统会计观

正如以机器生产为代表的工业革命使传统的簿记转化为现代会计一样，网络时代的到来，必然使会计再次发生根本性变化，这将是不以人的意志为转移的。变化的方向与特征，则取决于网络系统的特征、未来趋势及现实世界中会计的矛盾。

网络系统是一个便利的信息交流系统，它将在极大地拉近信息提供者与用户同时空距离的同时，极大地增加信息容量，丰富信息的内涵与形式，形成密切多样化的信息交流和使用关系。并且，网络系统下的信息交流是多样化双向交流。会计系统必须按此要求进行改造和重构，以用户的需求为基本出发点，根据用户的需求提供及时、灵活的多样化信息。网上企业、电子商务、网上投资、网上结算、网上报税等网际业务的发展，直接将会计核算及监控的视角拉入一个更广阔的范围，在增加会计业务内容的同时，极大地丰富会计业务的形式，使会计业务发生质的变化。

2.网络是一种真实的经济存在

多样化、信息化的网上活动必将极大地改变人们的生活，也改变会计的方方面面，诸如会计的环境观念、会计资产的形式和含义、负债的形式、权益的构成及其他种种与会计相关的事务。会计系统既是微观管理的一个重要组成部分，又有重要的宏观管理意义，应该同时纳入微观管理系统和宏观管理系统，并形成微观与宏观的有效连通与衔接，形成一个内外交通的巨大系统。这就要求我们必须将会计的变革纳入整个社会经济体系变革的洪流中去，在网络时代社会经济体系的总体再造中，完成重新构建会计观念、理论及方法体系的工作。显然，这是一项庞大的系统工程，单靠会计界自身的力量是无法完成的，必须积极吸纳社会各方面的力量共同参与。

（二）财务报告的变革或修正

现行财务报告是综合反映企业一定时期的财务状况、经营成果及财务状况变动的书面

文件，提供财务报告的目的是向会计信息使用者提供会计信息。网络时代，财务报告受到了剧烈影响，它的许多方面必须做出较大的变革或修正。

第一，传统的报表体系及项目构成是按照工业社会经济的特点来设计的，与今天的现实已经极不适应。企业规模的急剧扩大、业务的复杂化、频繁地并购与重组以及资产构成的巨大变化，使表外项目日益膨胀的会计报表可读性和实际效用日益降低。

第二，网络技术的发展使人们对信息的内容以及及时性有了新的更高的要求。首先必须将以时期为基础的报表体系改进为以时点为基础，以适应网上实时查询及定期报表的双重需要。为了采用实时基础，必须对现有报表体系结构进行修正。由于资产负债表本身即时点基础，现金流量表可以看作有时点基础的动态时期报表，因此这个意义上的变革重点将是损益表。

第三，现行财务报告缺少对衍生金融工具的揭示。在网络时代，网上交易的主要对象是金融工具，风险性较大。因此，会计信息使用者需要这方面的揭示，以便他们合理地预计风险和未来的现金流量，做出正确的决策。

第四，在网络时代，知识和信息作为一种全新的资本，作为一种关键性的生产要素进入经济发展过程，企业的生存和经济效益的提高越来越依赖于知识和创新，知识资产、人力资产在企业资产中的地位将越来越重要，而现行财务报表对此反映较少。在网络时代，可利用现代计算机技术和网络技术，建立集电子交易、核算处理、信息随机查询于一体的“动态实时报告系统”，实时地满足不同层次的报表使用者对企业会计信息的多元要求。在会计报表中，也应将知识资源和人力资源作为主要资产项目加以重点列示，其反映的侧重点应由关心“创造未来有利现金流动的能力”，转向关心知识资本据有量及其增值的能力。此外，财务报告还要能反映大量的非货币性信息，如企业员工素质、企业组织结构等。

（三）会计信息产生模式和传播模式的创新

传统的会计信息产生模式和传播模式的特点是：会计信息的生产职能由企业自己执行；企业掏钱在证券报上刊登传播会计信息。现在的问题是：会计信息的生产职能能否交给市场来完成？在其他市场主体（如报业公司、数据公司）利用会计信息赢利的同时，其产权所有者——股东能不能也获得收益？这两个问题的答案就是，对已有的会计信息的产生模式和传播模式进行市场化变革，变革的具体方法如下。

1.成立专门的会计服务公司，以改变传统的会计信息生产方式

传统的会计信息生产方式的特点是：①手工操作。这使得会计信息的供给受到手工劳动的低效限制；②非市场化的企业内部职能。这使得会计信息在下列方面受到影响：缺乏增加信息供给的市场激励；信息易受内部人员操纵。网络技术革命以前，虽然这种生产方

式的缺点一直如此，但其地位并未因此动摇。这主要基于下列两个原因：能代替手工劳动的工具没有出现；会计信息的生产职能由市场执行的交易费用远高于自己执行的成本，主要是缺乏经济的通信工具将大量的日常经济事项传送至对方，以及对方一旦泄露商业机密而带来的损失。但是计算机技术的发展使得会计信息的生产者有可能实现非手工化，较为复杂的会计方法的使用亦成为可能；同时网络技术的发展使得企业经济交易的原始数据的异地实行、实时传送成本不再高昂。基于上述两项技术的巨大突破，会计信息的生产方式终于可能冲破上述约束条件，由手工生产变为机械化生产，由作坊式生产走向享受规模经济收益的大生产。

2.企业与会计服务公司签约

契约内容包括：会计服务公司替代企业执行会计信息生产职能，企业向会计服务公司支付相应的费用，企业有向后者诚实地提供所有相关信息的义务（双方约定存有例外的，该例外应同随后的会计信息一并公布）。企业将会计信息的所有权授予会计服务公司，前者向后者支付相应的价格。

3.会计服务公司与媒体公司签约

会计服务公司通过协议有偿赋予媒体公司披露会计信息的权力，会计服务公司与会计师事务所对会计信息的质量负责。

（四）任何会计信息的消费者必须付费使用会计信息

网上付费系统（如网上银行）的发展与成熟，会使得付费本身的成本下降，凡会计信息的消费者都必须付费使用会计信息。

第三节　现阶段财会工作的创新性发展

一、财务会计发展的历史必然性

财务会计作为现代企业的基础性工作，它的产生是历史的必然。在历史的不断发展以及世界经济的进步下，财务会计也逐渐地进入了人们的视野，在时代发展的潮流之中显现了它特有的生机和魅力，它的优越性也越来越突出。财务会计是立足于企业，并且面对市场的工作，它向企业外部利益者提供各类有助于进行经济决策的信息。财务会计的目的在于提高企业的经济效益，并能积极参与经营经济的决策管理。

一个企业如果想要取得投资者的信任，就必须向资本市场传递特有的信号，也就是一种能够显示企业优点、异质性，并且具有甄别性的信息。而此时，财务会计作为一个为企业外部利益者提供评价受托责任履行情况及进行各方面的经济决策相关信息的人造系统，在继承和发展的基础之上，从传统会计中分离了出来。

在目前全球经济一体化发展的形势下，经济增长方式发生了较大的变化，传统经济增长方式已经逐渐被知识经济所取代，知识经济在发展质量和发展规模上都发生了非常大的变化。受到经济增长方式转变的影响，现代财务会计理论也在与时俱进，在会计理论和会计细则方面进行了较大的改变，使财务会计理论更适应新经济形势的发展，成为新经济增长的重要手段和推动力。为此，我们应根据现代财务会计理论的具体变化，对其发展趋势进行认真分析，保证现代财务会计理论的实用性。

二、现代财务会计理论的主要内容

（一）会计目标

会计目标的内容主要是明确要提供会计信息的原因、提供会计信息的对象以及提供哪几类会计信息等问题。会计目标已经成了现代财务会计理论发展的重要依据和出发点。

（二）会计基本前提

现行财务会计的基本前提主要体现在会计主体、持续经营、会计分期、货币计量上，目前会计基本前提的内容和范畴也在逐渐发生变化，朝着更适用于经济增长方式的角度改变，将实效性作为了会计基本前提改变的重要原则和发展方向。

（三）会计要素

目前会计要素主要包含财务状况要素和经营成果要素这两种。新形势下对会计要素的理解应结合财务会计的具体应用和实际发展。

三、现代财务会计理论的变化

受到经济增长方式变化的影响，现代财务会计理论也在发生着积极的变化，其变化具体表现在以下三个方面。

（一）在持续经营概念的理解上发生了变化

在财务会计理论中，持续经营概念主要是对企业的经营时间有较为正确的认识，财务会计理论的建立都是以企业能够持续经营为基础制定的。但是受到知识经济发展方式的影响，在知识经济时代，企业的寿命越来越短，企业的经营时间存在较大的不确定性，持续经营概念在理解上也发生了一定的变化。在这种情况下，现代财务会计理论也将在持续经营概念上出现新的理解。

（二）在会计分期的概念上发生了变化

会计分期的概念主要是指企业能够对会计信息进行及时利用，并根据会计信息做出及时的决策。但是受到知识经济发展的影响，会计信息的提供渠道越来越多，许多会计信息通过网络的方式在网上实现了共享，会计分期的概念发生了根本的变化。在这一影响下，财务会计理论中的会计分期和会计信息的定义也较传统的会计理论发生了许多变化。为此，我们要对会计分期概念的变化给予足够的重视。

（三）在货币计量的概念上发生了变化

在传统的财务会计理论中，货币计量的概念主要是建立在货币价值恒定的基础上的，但是在新知识经济时代，货币的价值随时都会发生变化，货币价值变化成了主流，由此而产生的货币计量的概念也发生了变化，单纯依靠原来的货币价值恒定的货币计量方式已经无法满足要求。因此，从目前知识经济发展的角度出发，货币计量的概念也在慢慢发生变化。

四、现代财务会计理论的未来发展趋势

从上述分析可知，受到知识经济的影响，现代财务会计理论在发展中发生着重要变化，原有的一些规则和概念都出现了不同程度的变更，为此，我们应对现代财务会计理论的发展趋势进行深入分析。从目前来看，现代财务会计理论的未来发展趋势主要表现在以下三个方面。

（一）会计基本假设得到了持续的创新

受到了知识经济的影响，原有的会计基本假设面临着严峻的挑战，为了保证会计基本假设取得积极效果，对会计基本假设进行了不断的创新。通过了解发现，会计分期假设将会对交易期进行变化，将交易期变成报表的报告期。

（二）会计人员知识结构的多元化成了新的发展方向

正是由于会计基本假设朝着持续创新的方向发展，会计人员的素质也必须得到持续提高，以此来满足会计理论知识的发展需要。从目前来看，知识经济的发展使得财务会计理论发生了变化，并且这种变化是持续的。由此也对会计人员的知识结构和专业素质提出了具体的要求，使会计人员的知识结构变得更加多元化。

（三）网络会计将会成为重要的会计发展方式

知识经济除了使会计基本假设和会计人员的知识结构产生变化之外，还对会计工作方式产生了重要影响。随着网络技术的快速发展，网络会计将会成为重要的会计发展方式，不但改变了传统会计的工作方式，还对会计工作规则和会计工作流程产生了重要影响，使会计工作朝着网络化、高效化的方向发展。

五、未来财务会计发展的趋势

（一）会计核算向电子化发展

所谓的会计核算，主要就是运用计算机核算系统，以企业经营活动的全过程为主要对象以及进行会计信息的处理。可以对原始凭证确认输入精确编制会计报表的整个过程进行系统化的完成。计算机系统在进行会计处理的时候不需要任何人工的干预，自身具有集中性和自动性，这样不仅提高了会计信息的工作效率，也提高了会计信息的准确性，并且在电子商务兴起以来，很好地方便了企业和外界的账目往来沟通，不需要浪费过多的人工进行企业之间的沟通，直接可以通过电子货币的形式表现出企业间的账目往来关系。

（二）会计信息向开放化发展

对各个单位经济活动的披露我们统称为“会计信息”。伴随互联网会计信息系统的建立，企业的经济活动可以全部纳入企业的信息网中，不仅可以方便企业与外界的系统联结沟通，还可以方便企业内部机构进行会计资料的调阅和会计数据信息的获取，更好地扩大了会计信息的空间，加强了数据的开放性，使会计数据的处理呈现出集成化的趋势。

（三）会计人员向高智能发展

会计工作主要负责的就是企业资金管理等问题，最主要的就是对资金进行运算，明确资金的去向，加强对企业经济数据的分析，把控企业的经济活动，所以一定要保证会计信息的真实性和准确性。从会计工作主要的职能就不难看出，企业对会计从业人员的要求很多，能够严格遵守国家的相关法律法规，熟悉企业的生产流程，加强对软件操作的熟练程度，在拥有专业的财务会计、管理会计相关知识的同时还要具有创新精神和创新能力。从社会的发展现状来看，任何企业都需要这种高智能型的复合人才。

（四）会计服务向真诚化发展

会计信息质量保证的媒介是会计服务单位，同时也是投资者维护权益的合法途径。

会计行业的根本生存法则就是真诚守信，在一定程度上对会计师和相关会计服务机构提出了更高的要求，在进行会计服务的时候要加强真诚建设，营造公正气氛，加强对信息的公开，提升自身的服务意识。

（五）会计管理向多元化发展

会计网络信息系统最基本的功能就是对企业的资金进行科学化的核算、分析、管理和控制，在运用会计网络信息系统的同时，加入财务管理人员还能够加强网络信息系统的功能性和预测性。会计管理的多元化主要表现在获取会计信息多元化、梳理会计信息多元化、披露会计信息多元化三个方面。这三个方面相互独立又相互联系，可以很好地促进企业财务会计的顺利发展。

六、财务会计创新发展的意义

信息技术的不断创新发展推动了企业经济的增长，在提高企业销售利润的同时，也增加了企业的经营风险，有的企业甚至已经无法掌控财务状况和资产盈利能力，因而面临巨大的挑战。这种情况下就必须建立完善的财务会计管理体系，无论在法律法规还是管理体系方面，都要符合标准化、国际化的会计职能和全球经济一体化发展趋势，通过技术创新，将企业财务会计与国际接壤。财务人员也要全面掌握财务报表、信息状况和财务制度。传统的会计模式信息已无法满足现实需求，要追求多元化的信息输出，因此建立财务会计管理体系已经是我国财务会计发展的重中之重。

财务会计必须创新的原因之一，就是现代企业财务会计核算重点已经发生了巨大的变化，尤其是在文化创意企业迅速发展的情况下，无形资产在企业资产总额中所占的比例越来越大，使无形资产成了衡量企业价值的重要标准，改变了传统企业以物质资源为主的局面，同时也决定了企业的实际价值。因此，财务会计的具体处理方法和处理模式都发生了较大变化，逐渐把重点放到了无形资产核算，在企业财务报表里也为了全面掌握企业整体经营活动而引入了无形资产项目。

七、企业财务会计创新发展的策略

（一）加强会计核算的创新

目前的人力资源会计包括成本会计和价值会计两部分。前者的计量方法包括历史成本法和重置成本法，反映了企业人力资源投资的资本化；后者的计量方法包括经济价值法、内部竞价法和未来工资贴现法，反映了企业对人力资源产出的资本化。作为企业在选择人力资产计量方法时必须科学合理，人力资源资本化取决于劳动力的市场化发展，计量人力资产使用未来工资贴现法更加适宜，因为通过价格来计量工资可以分期支付。

（二）加强会计法规制度的创新

财务会计的创新也包括会计制度的创新，会计制度要向国际化、规范化方向发展，突破传统标准，与国际接轨，与国际体系相融合。

（三）加强会计人员的创新

企业要想方设法创造有利条件，提高财务会计人员的综合能力和素质。例如，组织培训学习、交流和讨论，对机构进行改革，提高财务人员的专业知识水平，培养其计算机操作水平和管理能力，锻炼其实践应用能力等。

随着企业规模不断扩大，创新已经成为其迅速和持续发展的重点，各种科技力量也融入了企业的各个方面，从财务会计工作的角度来说，更加需要与时俱进进行创新，这是决定企业成败的关键。所以，我国企业应该努力创新财务方面的先进技术和方法，推动财务工作上一个新台阶，只有全新的理念创新才能为企业创造更大的价值。

八、财会工作的创新性发展路径

财会工作是一项系统性很强的综合性经济管理工作，为了适应市场经济的发展，财会工作必须创新。

（一）树立财会工作的新观念

1.认真提高财会工作质量，加强科学管理

财会工作是一项严密细致的管理工作，财会所提供的财会信息，需要经过财会凭证、财会账簿、财会报表等一系列方法及相应的手续和程序，进行记录、计算、分类、汇总、分析、检查等工作。科学地组织财会工作，使财会工作按预先规定的手续和处理程序进行，可以有效地防止差错，提高财会工作的效率，提高财会人员的科学管理意识。

2.提高财会人员的创新意识

财会工作是企业经济管理工作的一部分，它既独立于其他经济管理工作，又与其他经济管理工作有着密切的联系。财会工作一方面能够促进其他经济管理工作，另一方面也需要其他经济管理工作的配合。只有这样才能充分发挥财会工作的重要作用，从而提高财会人员的创新意识。

3.提高财会人员的协调能力，和谐管理意识

企业内部的经济责任制，离不开财会工作。科学地组织财会工作，可以促使单位内部及有关部门提高资金的使用效率，协调各部门之间的关系，提高单位经济效益，增强经济

管理水平，并对经济预测、经济决策、业绩评价等工作提供支持，从而加强单位内部的经济责任制。

（二）必须具有服务的创新精神

1.要有任劳任怨地为群众服务的精神

对于财会工作和财会人员来说，受到的质疑与谴责似乎比得到的鲜花与掌声更多。其实瑕不掩瑜，数以千万的财会人员大多以勤勉与正直来维护职业尊严，而其中又不乏出类拔萃者。财会工作是为企业服务的工作，有不被其他同事所理解的地方。作为财会要宽宏大量，任劳任怨，一心一意为企业服务。

2.要有爱岗敬业的服务精神

财会人员应该转变观念，弘扬爱岗敬业精神。服务是无形的却是有情的。要发挥财会服务职能，转变财会人员的思想观念，在核算、监督的同时，做好服务工作。只有服务功能的充分发挥，才能体现财会工作的前移——由事后的核算监督移到事前的服务。也只有财会人员转变观念，增强服务意识，才能更好地弘扬爱岗敬业精神，从自身做起，从本职岗位做起，认真履行自己的职责，为企业的生存和发展而努力工作。

3.提高财会人员的个人业务素质，加强自身学习

①增强财会人员的服务意识，关键在平时教育。企业管理者、财会部门负责人应该经常组织财会人员学习，提高财会人员的个人素质。只有财会人员的整体素质普遍提高了，财会人员才能端正工作态度，增强服务意识，想企业之所想，急员工之所急，认真履行自己的职责，加强财会基础工作，实现规范化管理，提高财会工作质量。②强培训，提高财会人员业务素质。财会服务职能的发挥，很大程度上依赖于财会人员业务素质的提高。财会人员业务素质高，财会提供的服务质量才可能好；反之，财会人员业务素质低，即使服务态度好，服务质量也好不到哪里去。许多企业财会工作质量不高，不是由于财会人员主观上不努力，而恰恰是业务素质太低，无法为企业、为管理者提供高质量的财会服务。因此，必须注意财会人员的业务素质教育，加强财会专业知识和专业技能的培训，提高财会队伍整体素质水平。财会人员自己，也应有紧迫感、压力感，明确工作目标，找出自身不足，并通过一定形式的学习，提高自己的业务素质，积极主动地提供服务，在服务过程中锻炼和提高自己。

认真做好财会工作对于贯彻执行国家的方针、政策和法令、制度，维护财经纪律，建立良好的社会经济秩序，具有重要的意义。做好财会工作是创新型社会发展的需要，财会工作者要适应市场经济的发展，努力提高自身的理论水平，增强服务意识。

参考文献

[1] 万依云.审计基础与实务[M].武汉：华中科学技术大学出版社，2022.

[2] 李明慧.财务管理与会计实践创新研究[M].北京：中国原子能出版社，2022.

[3] 袁健，陈俊松，李群.财务会计精细化管理工作与实践[M].长春：吉林人民出版社，2022.

[4] 钭志斌.高等职业教育财务会计类富媒体智能型项目化系列教材财务管理实务[M].2版.大连：东北财经大学出版社，2022.

[5] 严瑾，张颖.企业财务会计实务[M].北京：电子工业出版社，2022.

[6] 李婉丽，雷永欣，闫莉.企业管理会计与财务管理现代化发展[M].北京：中国商务出版社，2022.

[7] 姚培荣，刘晔.新编21世纪高等职业教育精品教材财务大数据分析财务会计类[M].北京：中国人民大学出版社，2022.

[8] 杨则文，盛国穗.财务大数据基础与实务[M].北京：高等教育出版社，2022.

[9] 高静，李小燕，张大超.财务管理实务与统计学应用[M].长春：吉林出版集团股份有限公司，2022.

[10]解勤华，王春峰，李璇.财务管理与会计实践研究[M].长春：吉林出版集团股份有限公司，2021.

[11]吴晓涵.管理会计在中小企业的应用研究[M].北京：中国纺织出版社，2021.

[12]张书玲，肖顺松，冯燕梁.现代财务管理与审计[M].天津：天津科学技术出版社，2020.

[13]李春俐，揭莹.财务会计综合实训[M].重庆：重庆大学出版社，2020.

[14]张佃淑，张玉香，郭玲.企业财务会计[M].济南：济南出版社，2020.

[15]段春明，柳延峥.财务与会计制度设计理论与实务[M].大连：东北财经大学出版社，2020.

[16]尉玉芬.审计学原理与实务[M].杭州：浙江工商大学出版社，2020.

[17]曾岚.会计实战综合实训[M].南京：东南大学出版社，2020.

[18]袁利虹.新常态下国企财务管理与会计工作前沿问题探究[M].北京：北京理工大学出版社，2019.

[19]张丽，赵建华，李国栋.财务会计与审计管理[M].北京：经济日报出版社，2019.

[20] 李迪，张琳. 财务会计[M]. 北京：国家行政学院出版社，2019.

[21] 李延莉. 小企业财务会计理论与实践[M]. 北京：中国书籍出版社，2019.

[22] 刘春姣. 互联网时代的企业财务会计实践发展研究[M]. 成都：电子科技大学出版社，2019.

[23] 韦绪任，冯香，申仁柏. 财务会计与实务[M]. 北京：北京理工大学出版社，2019.

[24] 韩吉茂，王琦，渠万焱. 现代财务分析与会计信息化研究[M]. 长春：吉林人民出版社，2019.

[25] 张笑，盛洁，龙凤好. 会计与财务管理专业实务操作系列教材会计基础与应用第2版[M]. 北京：首都经济贸易大学出版社，2019.

[26] 赵睿. 实践与案例：管理会计人员的转型与提升研究[M]. 北京：冶金工业出版社，2019.

[27] 朱红波，叶维璇. 管理会计[M]. 北京：北京理工大学出版社，2019.

[28] 饶艳超. 管理会计实训教程[M]. 上海：上海财经大学出版社，2019.

[29] 付晓岩. 企业级业务架构设计(方法论与实践)/架构师书库[M]. 北京：机械工业出版社，2019.

[30] 杨公遂，杨若谷，尉可超. 高级管理会计理论与实务[M]. 大连：东北财经大学出版社，2019.

[31] 刘勤. 管理会计信息化发展的理论与实务[M]. 上海：立信会计出版社，2019.

[32] 吴应运，刘冬莉，王郁舒. 财务管理与会计实践[M]. 北京：北京工业大学出版社，2018.

[33] 倪向丽. 财务管理与会计实践创新艺术[M]. 北京：中国商务出版社，2018.

[34] 王红娟. 财务会计理实一体化教程[M]. 西安：西北大学出版社，2018.

[35] 高金清. 金融企业会计[M]. 上海：立信会计出版社，2018.

[36] 韦绪任，杨军. 会计基础与实务[M]. 北京：北京理工大学出版社，2018.

[37] 荆新. 基础会计实训指导[M]. 成都：电子科技大学出版社，2018.